LA MAISON

DE

JEANNE D'ARC

A DOMREMY

PAR

[illegible]

PRÉSIDENT DU TRIBUNAL CIVIL DE COMPIÈGNE
MEMBRE DE LA SOCIÉTÉ HISTORIQUE DE CETTE VILLE
CHEVALIER DE LA LÉGION D'HONNEUR

AVEC VUES ET PLAN

Semper et ubique veritas.

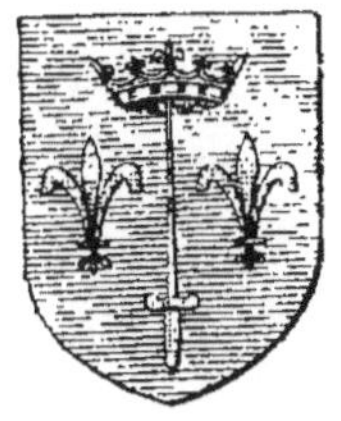

PARIS
H. CHAMPION, LIBRAIRE
15, QUAI MALAQUAIS, 15

ORLÉANS
H. HERLUISON, LIBRAIRE
17, RUE JEANNE-D'ARC, 17

1886

LA MAISON
DE
JEANNE D'ARC
A DOMREMY

MAISON DE JEANNE D'ARC A DOMREMY

LA MAISON
DE
JEANNE D'ARC
A DOMREMY

PAR

ALEXANDRE SOREL

PRÉSIDENT DU TRIBUNAL CIVIL DE COMPIÈGNE
MEMBRE DE LA SOCIÉTÉ HISTORIQUE DE CETTE VILLE
CHEVALIER DE LA LÉGION D'HONNEUR

AVEC VUES ET PLAN

Semper et ubique veritas.

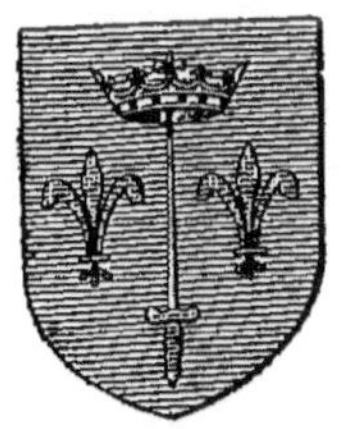

PARIS
H. CHAMPION, LIBRAIRE
15, QUAI MALAQUAIS, 15

ORLÉANS
H. HERLUISON, LIBRAIRE
17, RUE JEANNE-D'ARC, 17

1886

LA MAISON

DE

JEANNE D'ARC

A DOMREMY

Le 8 mai 1855, Mgr Dupanloup, Evêque d'Orléans, prononçant le panégyrique de Jeanne d'Arc dans la cathédrale de Sainte-Croix, s'écriait : « J'aurais voulu visiter ces lieux, voir cette pauvre maison, ces rives de la Meuse, cette vallée d'où Orléans et la France ont reçu le secours de Dieu. — C'est là que croissait parmi les fleurs des champs, simple et pure comme elles, dans la plus aimable innocence, cette pieuse et douce enfant. — Oui, j'aurais aimé à parcourir ces prairies où elle conduisait les moutons de son père ; à m'asseoir inconnu sur ces rives, aux pieds de quelque vieux chêne, et à méditer là, en silence, pour vous la redire, cette histoire incomparable où le souffle vivant du Seigneur anime tout et où les miracles brillent de toutes parts, comme les étoiles du firmament (1).

(1) *Panégyrique de Jeanne d'Arc* — Orléans, chez Gatineau, libraire.

Plus heureux que n'était alors l'éminent Prélat, il m'a été donné de voir Domremy, et de comtempler l'endroit même où est née et où a grandi celle qui, suivant l'expression d'un de ses derniers historiens, a résumé en elle d'une façon merveilleuse et porté jusqu'aux hauteurs de l'ordre surnaturel, le patriotisme français de la fin du moyen âge (1).

Le 25 août 1884, de Plombières où j'avais séjourné pendant une saison, je me dirigeai sur Neufchâteau, charmante petite ville, propre, agréablement située et surtout bien pavée *(Res miranda populo !)*... Le souvenir de Jeanne d'Arc commence à s'y révéler aux yeux du touriste. C'est dans cette ville, en effet, que la Pucelle s'était réfugiée avec sa famille pour échapper aux Bourguignons qui s'avançaient vers Domremy « précédés du bruit de leurs rapines et de leurs violences (2). » Le père de Jeanne fut reçu, lui et ses enfants, par une honnête femme nommée la *Rousse* (3), tenant une sorte d'hôtellerie. Ils y restèrent un certain nombre de jours pendant lesquels Jeanne se rendit aussi utile qu'elle le put. C'est cette circonstance qui a fait dire à Monstrelet, historien Bourguignon : « Laquelle pucelle Jehanne fut grant espace de tems chamberière en une hostellerie et estoit hardie de chevaucher chevaux et les mener boyre et aussi de faire appertises que jeune fille n'ont point accoustumé de faire. » Erreur que partagea Etienne Pasquier, dans ses *Recherches de la*

(1) Marius Sepet, *Jeanne d'Arc*, Tours 1884, p. 1.

(2) Le Brun de Charmettes, *Histoire de Jeanne d'Arc*, Paris 1817, t. 1. p. 305.

(3) Interrogatoire du 22 février 1430.

France, quand, transformant les quelques jours en cinq années, il raconte que Jeanne « au vingtiesme an de son aage, alla à Neuf-Chatel en Lorraine, où elle demoura chez une hostesse nommée La Rousse, et là menoit les bestes aux champs, mesmes les chevaux paître et abreuver ; et ainsy apprit de se tenir à cheval. Après y avoir servi cinq ans, elle retourna chez son père » (1).

Or il résulte de tous les témoignages recueillis dans les deux procès de condamnation et de réhabilitation, que jamais jusqu'à son départ pour la France, Jeanne d'Arc n'avait servi personne, hormis son père (2), et qu'à Neufchâteau, pendant trois ou quatre jours, en présence de ses père et mère, elle avait aidé l'hôtesse chez laquelle ils étaient logés (3).

En outre, plusieurs témoins ont déposé qu'elle leur avait déclaré pendant son court séjour à Neufchateau, « qu'elle n'aimait pas à y demeurer et qu'elle préférait habiter Domremy » (4).

Quoiqu'il en soit, la ville de Neufchateau où existe encore la maison où s'était réfugiée la famille d'Arc, a voué un culte patriotique à celle qui était venue ainsi chercher un refuge dans ses murs et, après avoir donné son nom à l'une de ses places publiques, elle y fit élever en son honneur une statue en bronze.

(1) Rech. de France. Liv. VI et V.

(2) Déposition de Béatrix Félicité, veuve d'Estellin.

(3) Déposition de Gérard Guillemette.

(4) Dépositions de Conrardin et de Isabelle femme de Girardin de Spinal.

Cette statue due au ciseau du sculpteur C. Pètre et fondue par Vittoz, représente l'héroïne debout, en costume guerrier, tenant dans la main droite sa fameuse bannière et posant la gauche sur la couronne de France qu'elle semble ainsi protéger ; sur le milieu du piédestal se trouve l'inscription suivante :

MONUMENT ÉLEVÉ A LA MÉMOIRE DE
JEANNE D'ARC
PAR LA VILLE ET L'ARRONDISSEMENT
DE NEUFCHATEAU
EN L'ANNÉE 1859
ET LE VIe DU RÈGNE DE S. M. NAPOLÉON III

L'une des faces contient un bas relief représentant *Jeanne d'Arc visitée par un ange*, alors qu'elle garde ses troupeaux.

Sur la face opposée on lit :

ONT CONCOURU A CETTE ŒUVRE :
SA MAJESTÉ NAPOLÉON III.
LES DÉPARTEMENTS DE
LA SEINE, DES VOSGES, DU LOIRET,
DE L'AISNE, DU BAS-RHIN.
LES VILLES ET COMMUNES DE.......

(Suivent les noms de cent villes ou communes parmi lesquelles j'ai eu le regret de ne point voir figurer celui de Compiègne).

Il est vrai que 20 ans plus tard, en 1880, cette ville a noblement réparé cet oubli en érigeant à son tour, en l'honneur de l'héroïne, la statue qui figure aujourd'hui en face de son bel Hôtel-de-Ville.

Après avoir suffisamment parcouru Neufchateau,

je pris le chemin de fer allant à Pagny-sur-Meuse, et en moins de vingt-cinq minutes, j'atteignis la station de *Maxey-sur-Meuse* qui dessert *Domremy*. Ce petit village de Maxey a joué un certain rôle belliqueux du temps de Jeanne d'Arc. Il s'était prononcé en faveur du duc de Bourgogne, tandis que les habitants de Domremy, à l'exception d'un seul, étaient *Armagnacs* de cœur et de volonté. C'est Jeanne elle-même qui l'a déclaré dans son troisième interrogatoire public subi le 24 février 1431 : « Je n'ai connu, dit-elle, à Domremy qu'un seul Bourguignon. Et j'aurais voulu qu'il eût la tête coupée, si toutefois tel eût été le plaisir de Dieu ».

Et quand, en présence de l'Evêque Pierre Cauchon, de sinistre mémoire, et de soixante-deux assesseurs, l'ancien recteur de Paris, Jean Beaupère, chanoine de Paris et de Besançon, demanda à l'infortunée captive : « Fûtes-vous jamais avec les petits enfants qui se battaient pour le parti dont vous êtes ? »

Jeanne répondit : « Je n'en ai pas mémoire. Mais j'ai bien vu plusieurs de ceux de Domremy, qui s'étaient battus avec ceux de Maxey (Maxey-sur-Meuse), revenir tout blessés et sanglants. »

En effet, pleins d'enthousiasme, les jeunes gens de Domremy se rassemblaient souvent à la fin du jour et allaient provoquer ceux de Maxey, avec lesquels ils engageaient de véritables luttes où le sang coulait.

Un peu avant la station, on commence à apercevoir sur la hauteur le fameux château de Bourlemont dont les tourelles nombreuses semblent, comme dans la *Dame blanche*, toucher le ciel, puis au fond de la vallée qui s'étend de Coussey à Vaucouleurs, apparaît Domremy, avec son modeste clocher.

Situé sur la rive gauche de la Meuse, qui le longe entièrement, ce village, si plein de touchants souvenirs, prend à la vue l'aspect le plus riant et le plus poétique. Trois cent vingt habitants environ y résident, tous gens travailleurs, et tellement paisibles qu'au dire d'un des leurs, « les personnes déjà âgées ne se souviennent pas qu'il y ait eu un seul procès de leur temps » (1).

De la gare de Maxey, pour se rendre à Domremy deux chemins s'offrent à la vue : l'un en ligne droite, sorte de grande route, bordée de beaux arbres, conduit d'abord à Greux et de là à Domremy en tournant à gauche, quand on atteint la principale rue de Greux ; l'autre, n'est à vrai dire, qu'un sentier tracé dans la prairie ; il commence à l'extrémité gauche du pont sur la Meuse qu'on traverse en sortant de Maxey.

C'est cette dernière voie que j'ai choisie et je la recommande à tous ceux qui seront tentés de faire ce patriotique pèlerinage, surtout par un beau temps. Rien de plus charmant.

Le sentier aboutit à la route de Greux à Domremy et bientôt, en suivant cette route, on atteint l'église du village ; puis quelques pas plus loin, l'ancienne maison de Jeanne d'Arc.

C'est dans cette demeure que vint se fixer, au commencement du XVe siècle, Jacques d'Arc, son père, né vers 1375 à Ceffonds, petit village dépendant de l'ab-

(1) *Histoire populaire de Jeanne d'Arc* par A. F. F. Huin — 1856 p. 156.

baye de Montiérender (Haute-Marne). A cette époque Domremy était pour ainsi dire exclusivement habité par des laboureurs, quelques pêcheurs et des gardiens de troupeaux.

Le village formait alors une annexe de la commune de Greux. « En 1429, dit M. Vallet de Viriville (*Nouvelles recherches sur la famille et sur le nom de Jeanne d'Arc, p. 8*), il avait pour seigneur Pierre de Bourlemont, gentilhomme Champenois.

« Domremy était *mi-parti* quant à la souveraineté ; une portion de territoire et des habitants à laquelle appartenait la famille d'Arc relevait directement du roi de France, et ressortissait à la prévôté d'Andelot, bailliage de Chaumont, comté de Champagne. L'autre ne relevait qu'indirectement de la couronne et dépendait de la prévôté ou Chatellenie de Gondrecourt, qui ressortissait au duché de Bar. »

C'est à raison de cette circonstance qu'une polémique assez vive s'est élevée dans ces derniers temps, sur la question de savoir si Jeanne d'Arc devait être considérée comme Lorraine ou comme Champenoise ; le pivot de cette discussion est l'emplacement qu'occupait dans le pays la maison même où elle a vu le jour. Cette question, à nos yeux, n'a qu'une importance bien secondaire et toute de clocher. En effet, les deux provinces qui semblent se disputer la naissance de l'héroïne, ne forment plus actuellement qu'une seule et même patrie, mutilée il est vrai, par la désastreuse guerre de 1870. Jeanne d'Arc (que n'existait-elle encore !) est par-dessus tout Française de cœur et d'esprit et, à ce titre, la France entière a le droit de revendiquer sa gloire et sa nationalité.

Quant à Jacques d'Arc, son père, c'était un bon et honnête laboureur, situation qu'il ne faut pas confondre avec celle qu'aurait actuellement un journalier ou simple manœuvre.

En effet, au XVe siècle, la position de laboureur correspondait à celle d'un modeste cultivateur d'aujourd'hui, et, d'après les recherches auxquelles se sont livrés MM. A. de Bouteiller et G. de Braux (1) la famille d'Arc possédait à Domremy environ vingt hectares dont douze en terres, quatre en prés et quatre en bois, parmi lesquels figurait le fameux *Bois Chesnu* dont il est si souvent question dans le récit des premières années de Jeanne. Elle était en outre propriétaire de la maison qui existe encore et de ses dépendances. Le tout bien cultivé lui assurait donc un certain revenu et elle pouvait ainsi faire l'aumône à ceux qui venaient lui implorer sa charité.

« La plupart des historiens, dit M. Siméon Luce, dans le remarquable ouvrage qu'il vient de publier sur Jeanne d'Arc, ont commis une profonde méprise lorsqu'il se sont représenté Domremy comme un recoin perdu et pour ainsi dire isolé du reste du monde; une route très fréquentée vers la fin du Moyen-Age traversait, au contraire, ce village. Cette route était l'ancienne voie romaine de Langres à Verdun qui passait par Neufchâteau, Vaucouleurs, Void, Commercy et Saint-Mihiel. » . . . Ce village formait l'extrémité méridionale de la Chatellenie de Vaucouleurs, sans toutefois en relever tout entier. Il était, en effet, traversé de l'Ouest à l'Est par un petit ruissseau, affluent de la Meuse qui le coupait en deux parties : la partie

(1) *La famille de Jeanne d'Arc*, Paris, 1878, p. 185.

méridionale comprenant une maison-forte située dans une île de la Meuse et une trentaine de chaumieres, formait une seigneurie possédée de vieille date par la famille de Bourlemont et dépendait de la Chatellenie de Gondrecourt, c'est-à-dire d'une partie de la Champagne cédée en 1308, par Philippe-le-Bel à Edouard comte de Bar et mouvant de la Couronne de France; la partie septentrionale où se trouvait l'église paroissiale, relevait seule de la Chatellenie de Vaucouleurs.

« C'est dans une chaumière située entre cette église et le ruisseau, par conséquent à l'extrême limite du baillage de Chaumont ou du Bassigny champenois, que naquit Jeanne d'Arc. »

Et ailleurs, s'expliquant sur les ressources du pays, le savant académicien dit :

« Domremy se trouve dans une situation privilégiée, et grâce à cette situation d'humbles paysans qui n'avaient que peu de besoins, trouvaient dans le sol même qu'ils cultivaient presque tout ce qui était nécessaire à leur subsistance. Les hauteurs couronnées de hêtres et de chênes séculaires qui enserraient du côté du couchant la vallée où le village est assis, fournissaient en abondance le bois de chauffage; le gland des chênes permettait d'engraisser des troupeaux de porcs; le beau vignoble de Greux, exposé à l'orient et grimpant dès le XIVe siècle sur les pentes de ces hauteurs, produisait ce petit vin, acidulé à l'excès, qui n'en flatte pas moins agréablement le palais un peu âpre des enfants de la Meuse, les champs couchés au bas de ces pentes et contigus aux maisons, étaient réservés à la culture des céréales, du froment, du seigle et de l'avoine; enfin, entre les champs cultivés et le cours de la Meuse s'étendaient sur une largeur de plus d'un kilomètre, ces prairies verdoyantes dont la fertilité égale la beauté et d'où l'on tire encore aujourd'hui les foins les meilleurs et les plus renommés de toute la France (1). »

A la position de modeste cultivateur, se joignaient pour le père de la Pucelle, l'estime et la considération de ses concitoyens, ce qui prouve qu'il n'était certainement pas le premier venu. Deux actes fort intéressants l'établissent d'un façon péremptoire. L'un, daté du 7 octobre 1423, contient au profit de Robert de Saarbruck, seigneur de Commercy, pour droit de protection et de sauvegarde de Domremy et de Greux, reconnaissance de deux gros par feu : Jacques d'Arc y figure comme *doyen* du village et vient immédiatement après le maire. Or, d'après M. Edouard Bonvalot (2) il n'y avait qu'un doyen ou sergent dans chaque village ; c'est lui qui convoquait les bourgeois aux assemblées électorales et aux plaids, les maires, échevins et jurés à leurs réunions publiques ou extraordinaires ; c'est lui qui faisait les cris des arrêtés municipaux et ordonnances ; qui commandait le guet du jour et de nuit et qui avait la garde des prisonniers.

Le second acte a été trouvé dans le *Trésor des Chartes de Lorraine* aux archives de Nancy, par MM. Lepage et Chappelier. Il porte la date du 31 mars 1426 (1427 d'après le style actuel) et se rattache à une contestation soulevée devant Robert de Vaudricourt, capitaine de Vaucouleurs, par un sieur Guiot-Poignant contre les habitants de Greux et de Domremy. Voici

(1) *Jeanne d'Arc à Domremy*, Paris 1886, p. XXII, LI et LV.

(2) *Le Tiers-Etat d'après la charte de Beaumont et ses filiales*. (Paris 1844) p. 412.

en quels termes la présence de ces derniers y est constatée :

« Et, sur ce, journée en fut prinse et acceptée par les dictes parties, au lieu de Vaucouleur, par devant noble homme Robert, seigneur de Baudrecourt et de Bloise, cappitaine du dit Vaucouleur, au dimanche vxj^{e} jour de mars, l'an mil cccc et vint six derrans passé. Auquel jour et lieu les dictes parties comparans par devant le dict Robert : C'est assavoir le dit Guiot-Poingnant, en personne, demandeur d'une part ; et le dit messire Henri d'Ogevillers, ensemble les dicts manans et habitants de Greux et de Dompremy, ses hommes et subgiez, comparans par vénérable et discrète personne messire Jacques Flament, prebtre, Jehan Morel de Greux, et *Jacquot d'Ars* du dit Dompremy, leurs procureurs souffisamment fondez de procuration, dont il nous a deuement apparu, deffendeurs, d'autre part. »

Or Jaquot d'Ars n'était autre que Jacques d'Arc le père de Jeanne, ainsi que l'établit d'une façon irrécusable M. Boucher de Molandon dans le précieux travail dont il a donné lecture l'année dernière à la Sorbonne, devant les Délégués des Sociétés savantes, travail qui augmente encore les intéressantes publications que l'infatigable archéologue d'Orléans a consacrés à la mémoire de Jeanne d'Arc et à celle de sa famille, et qui lui ont valu la distinction si justement méritée de Chevalier de la Légion d'honneur (1).

(1) Ce travail a été publié depuis sous le titre : *Jacques d'Arc, père de la Pucelle, sa notabilité personnelle, d'après les textes déjà connus et des documents récemment découverts*, 1885. Orléans, chez Herluison, libraire.

Le père de la Pucelle possédait donc, auprès de ses concitoyens une *notabilité personnelle*, mais de là, s'ensuit-il, comme on a voulu l'insinuer, qu'il ait eu certaines attaches nobiliaires ? Tout démontre le contraire, et ce qui le prouve surabondamment, ce sont les lettres patentes accordées par le roi Charles VII en décembre 1429 et expédiées à la Cour des comptes le 16 janvier suivant, portant annoblissement de *Jean d'Arc* et de sa famille « quoique, disent ces lettres, ils ne soient pas de race noble extraction et que peut-être, même, ils soient d'autre condition que de condition libre : « *non obstante quod ipsi ex nobili genere ortum non sumpserint*, *et forsan alterius quam liberæ conditionis existant.* »

Le nom d'*Arc* lui venait, selon toute probabilité, de la petite ville d'Arc en Barrois située, sur le ruisseau d'Aujon, dans l'arrondissement de Chaumont (Haute-Marne).

Jacques d'Arc épousa Isabelle Romée, native de Vouthon, village de la Meuse, limitrophe de Domremy, et qui fait partie aujourd'hui du canton de Gondrecourt.

De cette union naquirent cinq enfants : trois fils, Jacquemin, Jean et Pierre ou Pierrelo, et deux filles, Catherine, morte sans postérité, et Jeanne, dont la naissance est fixée au 6 février 1411. Elle fut baptisée par Jean Minet, curé de Domremy, dans l'église du village dédiée à Saint-Remi.

Tout le monde sait comment Jeannette (c'est ainsi qu'on l'appelait alors), passa ses premières années au sein de sa famille. C'était, d'après tous les témoins entendus dans les enquêtes qui suivirent sa mort, une bonne fille, simple, chaste, modeste, patiente, laborieuse, partageant ses journées entre le travail et la prière, vaquant, comme elle l'a déclaré elle-même aux soins du ménage, n'allant qu'accidentellement aux champs garder les moutons et autres animaux.

C'est l'humble demeure où sa mère lui apprenait à coudre des pièces de lin et à filer le chanvre, que tous les ans, un grand nombre de personnes vont religieusement visiter.

Dès qu'on a dépassé l'église et qu'on a franchi une rue ouverte en 1823 sur l'emplacement de l'ancien cimetière, on aperçoit une grille qui relie deux pavillons semblables. C'est en face de cette grille, au milieu d'un petit jardin, entièrement planté de fleurs et arrosé par le ruisseau des *Trois fontaines* que se trouve la pauvre maisonnette.

Un coup de sonnette suffit pour que la grille soit ouverte et l'une des Sœurs de l'école se fait un plaisir de vous servir de guide. C'est ainsi que sous l'intelligente direction de la sœur Alexis Voriot, gardienne de la maison de Jeanne d'Arc, j'ai pu contempler à loisir ce qui nous reste d'un passé si glorieux et si triste à la fois.

La façade de la maison consiste en un demi pignon entièrement tapissé de verdure, dont le toit incline de gauche à droite ; quelques ouvertures dans le style du XVe siècle, y sont ménagées. La porte principale est surmontée d'un encadrement ogival en forme d'accolade dans lequel on remarque plusieurs écussons.

A la pointe de l'ogive apparaissent les attributs du travail des champs : une gerbe et des ceps de vigne, au-dessous desquels on lit :

† Vive † Labeur †

et sur la ligne suivante le millésime 1481

† Mil † iiii^c † iiii^xx † i †

L'écusson supérieur qui tient le milieu, représente les armes de France, surmontant la devise :

† Vive † le † Roy † Loys †

Celui de droite reproduit les armes données par Charles VII en 1429 à la famille de Jeanne d'Arc : « d'azur à l'épée haute d'argent, la gerbe d'or, surmontée d'une couronne royale et accostée de deux fleurs de lys, le tout d'or. »

Celui de gauche porte : « d'azur à trois socs d'or, la pointe en haut, et une molette d'or en cœur. »

C'est le blason des Thiesselin, dont la fille Miole épousa en 1460 Claude du Lys alors propriétaire de la maison.

Jadis ces ornements, aussi bien que d'autres qui ont disparu, devaient être revêtus de couleur, si l'on en croit Montaigne, quand, racontant son passage à Domremy en 1580, il s'exprime ainsi : « Le devant de la maisonnette où naquit Jeanne d'Arc est tout peint de ses gestes, mais l'aage en a fort corrompu la peinture » (1).

Au-dessus de la porte, dans une niche ménagée à cet effet, on aperçoit une statue de la Pucelle à genoux. C'est la reproduction de celle qui se trouve

(1) *Journal de voyage en Italie par la Suisse et l'Allemagne.* — (Édition 1774).

MAISON DE JEANNE D'ARC A DOMREMY

SCULPTURES AU-DESSUS DE LA PORTE D'ENTRÉE

dans l'intérieur de la maison et dont j'aurai à parler plus longuement.

Quand on pénètre dans cette maison, on entre tout d'abord dans une pièce irrégulière d'environ 5 m. 50 de longueur sur 4 m. 80 de largeur et 2 m. 70 de hauteur. Elle servait tout à la fois de chambre à coucher aux parents de Jeanne et de salle à manger pour toute la famille.

C'est là, dit-on, que naquit la Pucelle : on y retrouve facilement l'emplacement du large lit de cette époque : Une vaste cheminée au manteau élevé, et garnie d'une plaque en fer, aux armes de France et de Lorraine se dresse sur l'un des côtés de la chambre. On y remarque l'existence d'une vieille taque ou plaque de fer destinée à recevoir la lumière.

C'est au coin de cette cheminée que la pauvre Jeanne a dû s'asseoir pendant les longues veillées de l'hiver.

Une grosse poutre transversale et une solive faisant saillie portent encore l'empreinte des taillades nombreuses qu'y pratiquèrent les personnes désireuses d'en emporter quelques fragments en souvenir de leur visite, ainsi qu'on le verra plus loin.

Au milieu de la pièce a été placée en 1843 une réduction en bronze de la statue en pied de Jeanne d'Arc, due au ciseau de la princesse Marie d'Orléans.

Sur le piédestal en marbre noir de ce chef d'œuvre si plein de sentiment, de grâce et d'inspiration religieuse, on lit l'inscription suivante : « Donné par le Roi son père, au département des Vosges, pour être placé dans la maison où naquit Jeanne d'Arc. »

La pose de cette statue a été l'objet à Domremy d'une cérémonie dont le *Journal des Débats* a rendu compte le 15 mai 1843, en ces termes :

« On sait que le Roi a donné au département des Vosges la statue de Jeanne d'Arc, ouvrage de la princesse Marie, pour être exposée à Domremy, dans la maison où naquit l'héroïne du XVe siècle.

« C'est le 9 de ce mois que l'inauguration a eu lieu. Une foule immense s'était rendue à Domremy de tous les points de l'arrondissement de Neufchâteau, et même de points du département très éloignés.

« En même temps la garde nationale de Neufchâteau, celle du département où le zèle de 1830 soit peut être demeuré le plus vif, le plus empressé, se rendait dans la plus brillante tenue en masse à Domremy, avec sa belle musique en tête, précédée de son artillerie et faisant avec une charmante gaîté les trois lieues qui séparent Neufchâteau de Domremy.

« M. le maire de Neufchâteau avec ses adjoints en grande tenue s'étaient rendus d'avance à Domremy pour prendre la tête de la garde nationale lorsqu'elle viendrait au devant du préfet et des autorités qui l'accompagnaient en grand nombre.

« A 11 heures, M. le préfet des Vosges, M. le général Juncker, commandant le département, M. le sous-préfet de l'arrondissement, MM. les maires et adjoints des communes environnantes, et toutes les personnes attachées au conseil de révision en ce moment en tournées, sont arrivées au pont de Domremy, où la garde nationale de Neufchâteau, augmentée de celles de diverses communes les attendaient.

« Le cortège ayant été formé, il s'est aussitôt mis en marche vers la maison de Jeanne d'Arc.

« Au milieu de la pelouse qui se trouvait entre la maison de 1426 et la grille, on avait placé sur un piédestal provisoire la statue de Jeanne d'Arc, qu'un voile de dentelle recouvrait presqu'entièrement.

« Bientôt le silence se fit: un roulement de tambours annonça que la cérémonie d'inauguration allait commencer.

« M. le curé de Domremy s'avançait suivi de son clergé des environs et des jeunes filles vêtues de blanc et portant des bannières; il prit place en face de la statue que quelques instants plus tard il devait consacrer par la bénédiction.

« A ce moment, M. le Préfet des Vosges vint se placer tout près de la statue et prononça un discours où les souvenirs historiques qu'inspire Jeanne d'Arc, très vivement retracés, se mêlaient avec bonheur à l'admiration pour l'œuvre d'une Princesse dont le cœur et le génie ont su deviner et la grandeur si simple de Jeanne et l'héroïque vouloir de celle qui releva la France de son état d'abaissement en portant des coups décisifs à la fortune des princes de la maison de Lancastre.

« Quelques passages du discours du Préfet ont paru surtout produire une grande sensation sur la population attentive.

« Mais quel génie a donc créé cette œuvre si suave de formes et d'expression? Quel esprit cultivé, quelle imagination tendre et religieuse, quelle main habile ont pu se trouver d'accord pour donner au bronze la vie, la volonté, les intimes croyances de cette bergère de combats? Cette artiste, Messieurs, ce fut une jeune fille, une princesse, la fille de notre Roi, ce fut Marie d'Orléans! Elle aussi était belle, elle aussi était jeune, elle aussi était pieuse, elle aussi aimait la France! Elle est au ciel à côté de Jeanne d'Arc, puisque Jeanne d'Arc est tout auprès de Dieu.

« Presqu'en même temps, le Préfet enlevait le voile qui couvrait la statue et une salve de vingt-et-un coups de canon, répondit aux cris de *Vive le Roi!* qui éclataient de toutes parts.

« La foule se pressait autour de la statue de Jeanne d'Arc et l'admiration était grande de la part de ces braves gens des campagnes, quand ils apprenaient que cette œuvre, belle et religieuse, était sortie de la main de la fille de leur Roi. »

Dans l'angle, à gauche de la pièce, une autre statue en pierre représente Jeanne d'Arc avec son armure (1).

Voici la description minutieuse qu'en donna M. Jollois, Ingénieur en chef des Vosges en 1820 (2).

« Les brassards et les cuissards formés de lames flexibles en parties superposées les unes sur les autres sont parfaitement exprimées. Le contour des cuissards et des épaulettes est terminé par des festons. La

(1) Voir la planche représentant cette statue.

(2) *Histoire abrégée de la vie et des exploits de Jeanne d'Arc.* Paris 1821, page 159.

cuirasse est composée de deux morceaux réunis de chaque côté par une petite courroie à boucles. Les brassards avec les épaulettes qui en font partie sont liés de la même manière que la cuirasse ; seulement on remarque que les courroies sont percées de plusieurs trous pour serrer à volonté. Les cuissards sont maintenus contre les cuisses par des lanières qui enveloppent en même temps une robe de couleur amaranthe dont l'héroïne est vêtue ; ils tiennent à la cuisse par quatre courroies à boucles ; les jambes et les avant-bras étaient recouverts d'un métal très flexible ou peut-être même de cuir d'un seul morceau fendu sur le côté extérieur dans toute sa longueur, et serré par des petites courroies à boucles.

« Au bas de la taille et à la réunion de la cuirasse et des cuissards, est un ceinturon qui est accroché sur le devant du corps et où sont attachés deux anneaux destinés à suspendre l'épée ; l'un de ces anneaux est sur le côté gauche de la figure, l'autre est sur la face et correspond au milieu de la cuisse droite ; le baudrier est suspendu à une agrafe passée dans le premier anneau ; il est, en outre, retenu par une lanière traversant obliquement le haut des cuisses et attachée au second anneau ; six courroies à boucles dont les extrémités sont cousues, forment une espèce de gaîne dans laquelle l'épée était passée ; on voit sur la pierre, les traces de la poignée de cette arme qui, étant tout à fait détachée du corps de la statue, a été brisée, mais on peut juger encore de la forme de cette poignée.

« Les jointures des bras et des jambes sont composées de deux lames métalliques qui, se repliant l'une sur l'autre, facilitaient les mouvements du corps. Ces lames sont terminées par des trèfles sur lesquels on remarque encore de la couleur bleue.

« Les bords de la cuirasse ont été dorés, et tout le corps de cette même cuirasse offre des restes d'une couleur argentine qui imite fort bien le brillant de l'acier.

« La statue a la tête nue ; ses longs cheveux descendent presque jusqu'au bas des cuisses ; une mèche de ces cheveux qui ne tenait à la statue que par un très mince tenon a été brisée ; sur quelques parties de la chevelure on aperçoit encore des vestiges de dorure ; cependant la grande masse de la chevelure est actuellement recouverte d'une couleur noirâtre qui paraît avoir été le mordant dont on a fait usage pour appliquer la dorure. Dans l'hypothèse où les cheveux de la statue avaient été entièrement dorés, en devrait-on conclure que Jeanne d'Arc avait une chevelure blonde ? Cette conséquence serait entièrement contraire aux traditions historiques qui veulent que Jeanne d'Arc ait eu de beaux yeux noirs. Il ne faut donc voir dans cette dorure et dans les couleurs appliquées sur la statue, que le résultat de l'usage où l'on était de revêtir les sculptures de couleurs à l'époque où cet ouvrage a été fait. Il est essentiel d'ajouter ici qu'une teinte rose, encore bien conservée dans quelques parties, colorait les joues de l'héroïne. En général cette figure est d'un assez beau travail. »

Cette opinion est loin d'être partagée par l'abbé Barthélemy de Beauregard, l'un des historiens de Jeanne d'Arc qui, en parlant de cette statue, s'exprime, au contraire, en ces termes :

MAISON DE JEANNE D'ARC A DOMREMY

STATUE DE JEANNE D'ARC, D'APRÈS M. PIERSON

« C'est une figure de femme, de grandeur naturelle, avec la fraise officielle du XVe siècle, sans caractère, les mains jointes, la tête nue, les cheveux taillés en rond, et la taille cambrée en avant et rebondie par des vêtements de femme, mal empaquetés dans une longue armure imbriquée qui la couvre de la tête aux pieds et lui donne exactement la figure d'un poisson. En voyant cette figure de femme et ces écailles, on est tenté de croire que l'artiste a voulu représenter le monstre dont parle Horace au commencement de son *Art poétique.* » (1)

Quoi qu'il en soit, à quelle époque cette statue a-t-elle été érigée ? Donne-t-elle, ne fût-ce qu'approximativement, une idée de la physionomie de Jeanne d'Arc ? A-t-elle été originairement placée au-dessus de la porte de la maison où la Pucelle est née ?

Telles sont les questions qui se posent tout d'abord à l'esprit et que les biographes de Jeanne d'Arc se sont évertués à résoudre :

Pour bien se rendre compte du caractère de cette statue, MM. E. de Bouteiller et A. Braux, à qui nous devons de si précieuses révélations sur la famille de Jeanne, ont commencé par en étudier deux autres, dont l'une devait, suivant eux, présenter des garanties exceptionnelles sous le rapport de la ressemblance. Elle faisait partie du monument élevé à Orléans en 1458 sur le pont de la Loire.

C'était 27 ans après la mort de Jeanne d'Arc, c'est-à-dire à une époque où un grand nombre d'habitants

(1) *Histoire de Jeanne d'Arc*, 1847. t. I. p. 4.

l'avaient connue et devaient se rappeler sa physionomie. D'ailleurs la mère de Jeanne elle-même et ses deux frères Pierre et Jean existaient encore et mieux que personne, ils avaient pu se rendre compte de la ressemblance. Cette statue devait donc reproduire les traits exacts de la pauvre martyre. Mais onze ans plus tard, les Calvinistes détruisirent ce monument et ce ne fut qu'au bout de quatre années que l'on songea à le refaire. Le fondeur de cloches, Hector Lescot, dit Jacquinot, fut chargé de ce soin ; cependant rien ne constate qu'on arriva à reproduire avec autant de précision le visage de la Pucelle.

Arrivant à la statue de Domremy, les mêmes auteurs s'expriment ainsi :

« La tradition du pays attribue le don de cette statue au roi Louis XI. Il est évident que sur ce point la tradition se trompe. Les détails de l'armure et du costume le prouvent surabondamment. Il est probable que l'erreur de la tradition consiste à avoir opéré un rapprochement trop intime entre la statue, le nom royal et la date 1481 qui figurent sur le tympan de la maison. Quant à nous, il nous semble que l'époque approximative où elle fut exécutée est bien visiblement déterminée par son style et aussi par une série de faits que nous allons exposer brièvement. »

Les savants collaborateurs racontent alors comment, jusqu'à la Révolution, la Cathédrale de Toul possédait une effigie de Jeanne d'Arc, qui, suivant la tradition, était en tout semblable à celle de Domremy. Cette statue avait été érigée vers 1560 par Claude Hordal, petit neveu de Jeanne qui fut de 1542 à 1579 archidiacre et grand-doyen du Chapitre de Toul. Or, comme à cette époque le monument d'Orléans subsistait dans toute son intégrité, il est plus que certain que la statue de Toul était une copie de celle d'Orléans.

La description qui en a été faite tend à le démontrer ; Jeanne d'Arc y était « représentée à genoux, les mains jointes dans l'attitude de la prière, le visage tourné vers le chœur. Les longues boucles de ses cheveux descendaient sur ses épaules et sur sa cuirasse, son casque était à ses côtés et son bras retenait le baton d'un petit oriflamme, également en pierre, qui semblait flotter au-dessus de sa tête. L'armure était peinte en couleur de fer, le vêtement de dessous en rouge, la chevelure en jaune d'or ; la tête avait une expression d'une beauté saisissante. (1) »

Rapprochant ensuite cette statue de Toul avec celle de Domremy, MM. A. de Bouteiller et G. de Braux, tirent de cet examen la conclusion suivante :

« Une commune piété envers la Sainte-Vierge et envers Jeanne d'Arc était traditionnelle dans la famille Hordal. Les principaux de ses membres, pour la plupart dignitaires ecclésiastiques, se signalaient à l'envi par des fondations religieuses. C'était à Claude Hordal qu'était due la statue de Toul ; son neveu, Etienne Hordal, comme lui grand-doyen du Chapitre de cette ville, voulut à son tour honorer la mémoire de sa glorieuse parente, mais cette fois aux lieux mêmes ou elle avait vécu......

« Etienne Hordal ne pouvait manquer de placer, dans une chapelle due à son religieux amour pour

(1) *Histoire de Toul*, par M. Thierry. Paris 1841.

Jeanne d'Arc, la statue de l'héroïne. Il ne pouvait non plus chercher pour la faire exécuter un autre modèle que celle de la Cathédrale de Toul, à la fois recommandable à ses yeux par l'authenticité provenant de son titre de copie de celle d'Orléans et par le souvenir de l'oncle vénéré, à la dignité duquel il avait succédé. Il chargea donc un artiste du pays d'exécuter une réduction de la statue de Toul. La très médiocre dimension de la Chapelle qu'il avait construite faisait une loi de cette diminution de grandeur. Mais une modification bien regrettable fut apportée par le sculpteur à son travail. Au lieu de reproduire fidèlement l'armure, telle qu'on la portait sous Charles VII, dont était revêtue Jeanne d'Arc, dans la statue de Toul comme dans celle d'Orléans, il imagina de la moderniser, soit pour mieux dater l'époque de son travail, soit par suite de ce systématique mépris des choses du moyen-âge qui caractérisait le XVIIe siècle...... Le sculpteur lorrain modifia les formes de l'armure, allongea la cuirasse, ajouta un haut de chausses flottant retenu dans les cuissards, une fraise à godrons épais, tels qu'il en voyait porter aux grands personnages de son temps. »

C'est ainsi que « la statue commandée par Etienne Hordal, revêtue de sa couleur, à l'imitation de celle qui lui avait servi de modèle, fut placée aux pieds d'une image de la Vierge, dans la petite chapelle Sainte-Marie...... ; mais cette chapelle ne resta pas longtemps debout. » (1)

(1) *Notes iconographiques sur Jeanne d'Arc.* Paris, 1879 p. 28 et s.

MM. A. de Bouteiller et G. de Braux racontent ensuite comment ce petit monument fut saccagé par des bandes de Croates qui envahirent la France de 1635 à 1640 ; comment la statue de la Pucelle fut mutilée ; comment le nez et la joue furent endommagés ; les mains, un des bras détruits ; les deux jambes inégalement brisées, la droite jusqu'en son milieu et, la gauche jusqu'au genou.

Ceci dit, à quel moment eût-on l'idée de placer sur la façade de la maison ce qui restait de cette statue ? On ne saurait autrement le préciser; cependant, il est certain que ce fut avant 1756 puisque, à cette dernière époque, Dom Calmet en parle dans sa *Notice de la Lorraine*, en ces termes : « On voit encore à Domp-remi la maison de Jeanne d'Arc, sur la porte de laquelle sont ses armes *et sa figure*, et sur le ban du village, les vestiges de la Chapelle où elle allait faire sa prière. » L'acte de vente de la maison Gérardin, la mentionne également en 1818, comme on le verra plus loin, et c'est à cette même époque que M. Jollois en a fait une description détaillée en ajoutant : « Elle sera restaurée et placée sur un piédestal, dans la chambre même de Jeanne d'Arc. »

Ces détails établissent donc d'une façon irrécusable que la statue de pierre qui se trouve actuellement dans la chambre de famille de la Pucelle est bien celle qui avait été placée originairement dans la Chapelle Sainte-Marie et qui plus tard orna la façade de la maison Gérardin. (1)

(1) M. Pierson sculpteur à Vaucouleurs a fait, de cette statue plusieurs réductions qui constituent un charmant souvenir de la visite à Domremy.

Mais alors, que faut-il penser de celle en fonte qui actuellement est encastrée dans la façade de la maison de Jeanne d'Arc ?

M. l'abbé Bourgaud, curé de Domremy, qui n'a rien négligé de ce qui a trait au séjour de Jeanne d'Arc à Domremy et qui a consigné ses impressions dans une intéressante brochure qu'on ne saurait trop relire, s'exprime ainsi au sujet de ces deux statues :

« Pour les avoir décrites sur la foi d'autrui, plusieurs auteurs les ont confondues, prenant de la fonte pour de la pierre, la rouille pour de la polychromie, le badigeon pour une couleur naturelle, et la copie pour le modèle, car l'une est simplement la reproduction de l'autre. Dimension, attitude, traits, armure, vêtements, tout se ressemble, sauf les mutilations (1). » C'est également l'opinion de MM. A. de Bouteillier et G. de Braux.

« Pour nous aussi, disent-ils, le modèle est la statue de la maison, dont la conservation s'explique aisément par la restauration due aux soins de M. Jollois ; mais celle qui est au-dessus de la porte n'est autre chose que la reproduction très moderne de celle-là. Il est clair pour nous que M. Jollois, avant de faire réparer la statuette originale, en a fait exécuter, sans doute aux forges de Tusey, une copie coulée en fonte, la reproduisant dans l'état de mutilation où elle se trouvait, et qu'il a fait prendre à cette copie la place qu'occupait l'original.

« A cette place, en effet, elle constitue la plus

(1) *Guide et souvenirs du pèlerin à Domremy*. Nancy, 1878, p. 38.

frappante et la plus respectable des décorations, en même temps que sa conservation est assurée contre de nouveaux accidents. »

Et, en note, ils ajoutent : « L'examen de cette statue de fonte ne laisse aucun doute à ce sujet. Elle est coulée en creux, et toutes les parties mutilées sont pleines. Les cassures existaient donc sur le modèle. » (1)

Ce qui vient d'être résumé, au sujet de ces deux statues, l'une en pierre, l'autre en fonte, démontre qu'on ne saurait voir en elles, un portrait véritable de Jeanne d'Arc. On ne possède malheureusement aucune reproduction authentique de ses traits. Dans son sixième interrogatoire (3 mars 1430), quand on lui demanda si elle n'avait « point vu ou fait faire aucune image ou peinture d'elle et à sa ressemblance, » elle répondit : « qu'elle avayt veu à Arras une paincture en la main d'un Escot (Ecossais), et qu'il y avoit la semblance d'elle tout armée et présentoit unes lectres à son roy et estoit agenouillée d'un genoul. Et dit que oncques ne vit ou fist faire autre ymaige ou paincture à sa semblance. » (2)

A défaut de portrait exact de l'héroïne, les écrivains qui se sont occupés d'elle ont cherché à recomposer sa personne et sa physionomie, soit à l'aide de récits du temps, soit avec les témoignages recueillis dans les enquêtes des procès de condamnation et de réhabilitation. Or, d'après les dépositions de plusieurs témoins qui l'avaient parfaitement connue,

(1) *Notes iconographiques sur Jeanne d'Arc.* Paris, 1879, p. 36.

(2) V. *Procès de Condamnation de Jeanne d'Arc.* Traduction avec éclaircissements par Joseph Fabre. Paris, 1884. Delagrave. p. 116. Cet ouvrage est des plus intéressants.

parmi lesquels figurent d'Aulon, son écuyer, Guillaume de la Chambre, maître ès arts et en médecine, et Jean duc d'Alençon, les membres de Jeanne d'Arc étaient bien proportionnés, sa taille fine, sa poitrine développée (1).

« On a plusieurs raisons de croire, dit M. Le Brun de Charmettes, qu'elle était d'une taille élevée. Guillaume Guasco, seigneur italien, qui l'avait vue à la cour de Charles VII, rapportait qu'elle était de *taille médiocre* (2). Ce gentilhomme n'avait guère pu la voir qu'en habit d'homme, puisqu'elle n'a que bien rarement quitté cet habit jusqu'au jour où on lui persuada à Rouen de s'en dépouiller. Or, pour ne point paraître fort petite, pour paraître d'une *taille médiocre* sous des habits d'homme, il faut qu'une femme soit grande pour son sexe. Il n'est personne qui n'ait pu en faire l'observation.

« Deux faits viennent à l'appui de ma conjecture, continue cet auteur qui a écrit l'histoire la plus détaillée et la plus consciencieuse de la vie de la Pucelle ; j'ai déjà rapporté que Jeanne d'Arc voulant partir seule du Petit Burey, s'était revêtue des habits de son oncle. Dans la suite, elle fit présent à Jean Morel d'un vêtement qu'elle avait porté. Pour que les habits de Laxart allassent à Jeanne d'Arc, et pour que ceux de Jeanne d'Arc pussent aller à Jean Morel, il faut supposer, ou que ces deux hommes étaient de

(1) *Aliquando videbat ejus mammas, quæ pulchræ erant.* (Déposition du duc d'Alençon le 3 mai 1456. — Quicherat, procès de Jeanne d'Arc, t. 3, p. 100).

(2) Philippe de Bergame. *De claris Mulieribus*, cap. CLVII.

bien petite taille ou que Jeanne d'Arc était fort grande pour son sexe..... (1).

« Guillaume Guasclo rapportait aussi qu'elle avait les cheveux noirs, ce qui ne s'accorde pas tout à fait avec la teinte que présentent les portraits que nous possédons de la Pucelle. Voici le détail de ses traits, d'après l'un de ces tableaux (2).

« Elle avait le front moyen, les yeux grands, fendus en amende ; les prunelles de cette couleur indécise entre le vert et le brun, qui est particulière aux brunes claires ; le regard mélancolique et d'une douceur inexprimable ; ses sourcils finement dessinés ne s'étendaient ni en arc parfait, ni en ligne horizontale ; une légère inflexion se faisait sentir au milieu, et leur donnait un caractère infiniment touchant ; son nez était droit et bien fait, un peu mince et d'une juste longueur ; sa bouche était extrêmement petite, ses lèvres fines et vermeilles ; le creu formé entre le menton et la lèvre inférieure était fortement marqué ; le menton était fort petit et peut-être un peu trop pointu. Elle avait, au reste, le tour du visage beau, le teint uni et d'une extrême blancheur ; ses cheveux, *d'un beau châtain* et dont elle avait une grande quantité, étaient rejetés en arrière au-dessus de ses tempes, tombaient avec grâce, autour d'un cou blanc et bien proportionné et ne dépassaient pas ses épaules ;

(1) *Histoire de Jeanne d'Arc, surnommée la Pucelle d'Orléans*, tirée de ses propres déclarations, de cent quarante-quatre dépositions de témoins oculaires, etc., etc. Paris 1817, t. 1, p. 367.

(2) Il s'agit du tableau daté de 1581, conservé au musée d'Orléans, et reproduit dans l'ouvrage de M. Vallon : *Jeanne d'Arc*, Paris 1876, p. 462.

ils étaient à peu de chose près coupés à la manière des guerriers du temps. La candeur, l'innocence virginale, une pureté angélique, quelque chose de rêveur, et une teinte de tristesse formaient le caractère de sa physionomie.

« Dans le même tableau, ses mains sont bien faites, quoique les formes en soient plutôt nerveuses qu'arrondies ; ses doigts paraissent longs et effilés.

« Elle avait la voix douce et la parole insinuante. Un gentilhomme de son pays assure, en outre, qu'elle s'exprimait très bien *(multum benè loquebatur)* (1) ; on remarquait en elle un si grand sens et tant de circonspection qu'on eût dit qu'elle avait été élevée dans une cour bien réglée, où eussent régné la sagesse et la prudence.

« Elle montait à cheval et portait une lance avec autant d'adresse et de grâce qu'aurait pu faire le meilleur chevalier.

« Enfin, une particularité aussi remarquable semblait, en achevant de l'élever au-dessus de l'ordre commun, rendre manifeste les desseins de Dieu à son égard. Femme par la douceur, la pudeur et la modestie, mais exempte de la plupart des faiblesses attachées à son sexe, elle n'était point non plus assujettie à ce tribut régulier et incommode qui, plus encore que les lois et les usages, interdit en général aux femmes les fonctions que les hommes se sont attribuées. »

Le docteur Hirzel s'est évidemment inspiré de ce passage, dans la description qu'à son tour il a donnée de Jeanne d'Arc :

(1) Déposition d'Albert de Urchiis, chevalier.

« Elle était belle de figure, dit-il, bien faite, svelte sans maigreur, assez grande pour son sexe, d'une force et d'une résistance à la fatigue extraordinaires. Elle avait le visage frais et rond ; le front était de moyenne hauteur, et, de ses grands yeux, d'une couleur entre le vert et le bleu clair, s'échappait un regard d'une mélancolie et d'un charme inexprimables. Ses sourcils, finement dessinés, étaient légèrement arqués ; elle avait le nez droit et bien fait, la bouche petite, les lèvres peu épaisses et vermeilles. Son menton n'était pas grand, quelque peu pointu ; le teint de son visage était d'un blanc très mat ; ses beaux cheveux châtain foncé, relevés sur ses tempes, ruisselaient abondamment sur un cou d'une blancheur éclatante ; mais ils s'arrêtaient aux épaules, car elle les avait coupés selon la mode des hommes de guerre. Son visage respirait la candeur, l'innocence et je ne sais quelle tristesse rêveuse ; le timbre de sa voix avait la douceur et la suavité féminines ; son langage portait l'empreinte des plus nobles sentiments, d'une grande dignité et d'une sagacité pénétrante. Silencieuse et laconique dans la vie ordinaire, elle devenait éloquente lorsqu'il s'agissait de parler de sa mission divine. Enfin, bien qu'elle fût exempte des défaillances physiques naturelles à la femme, elle trahissait son sexe par une grande disposition aux larmes et par une sensibilité que la guerre ne pût émousser (1). »

D'après M. Vallet de Viriville, lorsque Jeanne d'Arc se sépara de ses parents et se rendit à Vaucou-

(1) *Johanna d'Arc* par le docteur Hirzel. Berlin 1877. Traduction de M. Hipp. Lemaire.

leurs, en février 1429, elle était vêtue de ses *pauvres habits rouges* de paysanne. Elle quitta dès lors les vêtements de son sexe et ne les reprit que deux ans après, à la veille de son supplice. La Pucelle, avant de partir de Vaucouleurs, se fit couper les cheveux courts et en rond, à la mode des jeunes militaires et revêtit un costume d'homme complet, dont voici le détail : chemise, braies ou caleçon ; gippon ou justaucorps (espèce de gilet) ; chausses longues liées au gippon ou par vingt aiguillettes ; robe courte tombant jusqu'au genou ou environ ; chaperon découpé ; guêtres hautes appelées houseaux, serrées sur la jambe ; souliers hauts lacés en dehors ; éperons longs ; une épée, une dague, une haubert, une lance et le reste du fourniment à l'usage des hommes d'armes. Son chaperon était de laine, et ce premier costume ressemblait à celui « d'hommes de bien simple manière ». Tel fut l'équipage dans lequel elle se présenta devant le roi à Chinon (1).

Jusqu'à présent la plupart des artistes peintres ou sculpteurs, qui ont tenté de reproduire la physionomie si sympathique de Jeanne d'Arc, n'ont pu, malgré leur talent et leurs efforts, arriver à un résultat complet. Les uns se sont laissés dominer exclusivement par l'idée religieuse ; les autres, par le sentiment chevaleresque ; espérons qu'un jour viendra où nous verrons apparaître à nos yeux cet ensemble si poétique dans lequel la douceur s'allie à l'énergie ; la pieuse inspiration à l'entraînement patriotique, et la sensibilité féminine à l'ardeur guerrière.

(1) *Recherches iconographiques sur Jeanne d'Arc.* Paris 1855, p. 2.

A défaut d'un portrait authentique de Jeanne d'Arc, les nombreuses dépositions recueillies, surtout dans la procédure relative à sa réhabilitation, ont permis au moins, de reconstituer son caractère et sa manière de vivre depuis son départ de Domremy jusqu'au jour néfaste où elle fut prisonnière.

M. Le Brun de Charmettes (1) a dépouillé avec le plus grand soin cette enquête, et, en s'appuyant sur chaque déclaration dont il donne en note l'indication précise, afin de permettre de remonter à la source elle-même, il est parvenu à retracer de la vie intime de Jeanne d'Arc, un tableau d'une fidélité telle, que ce serait en détruire l'harmonie que d'en modifier les termes.

« Elle était, dit-il, très charitable et très généreuse dans ses aumônes, donnant aux pauvres tout l'argent dont elle pouvait disposer. Elle remit souvent, dans cette vue, à Jean de Metz, des sommes prises sur ses épargnes. Quand on l'engageait à mettre des bornes à sa libéralité, « j'ai été envoyée, répondait-« elle, pour la consolation des pauvres et des indi-« gents. »

« Elle était compatissante, même pour ses ennemis, et avait soin de leur faire administrer les consolations de l'Eglise, lorsqu'elle les voyait en danger de mourir.

« Elle était de la plus grande sobriété, tant en buvant qu'en mangeant. Aucun être vivant n'aurait pu l'emporter sur elle à cet égard.

« Elle était infiniment chaste et pudique. On entendit très souvent Jean d'Aulon, à qui le Roi avait confié la garde de cette jeune fille, dire qu'il ne croyait

(1) *Histoire de Jeanne d'Arc,* t. 3, p. 60.

pas, qu'il y eût une femme plus chaste qu'elle au monde. Les Anglais eux-mêmes, dit un historien célèbre de cette nation, ne lui ont jamais rien reproché relativement à ses mœurs.

« On n'a jamais ouï dire qu'elle se soit entretenu avec aucun homme une fois le soleil couché. Toujours une ou plusieurs femmes partageaient sa couche. Elle préférait que ce fussent de jeunes vierges ; elle ne voulait pas coucher avec de vieilles femmes (1). Quand on ne pouvait trouver des personnes de son sexe pour passer la nuit auprès d'elle, elle reposait tout habillée..... (2).

(1) La *Chronique de la Pucelle*, rédigée sans nom d'auteur à la fin du xve siècle, raconte ainsi son entrée à Orléans le 29 avril 1429. « Sur ce, elle consentit d'entrer dans la ville, avec ceux qui luy estoient ordonnez, et y entra ; et fut reçeue à grand joye, et logée en l'hostel du thrésorier du duc d'Orléans, nommé Jacques Boucher, où elle se fist désarmer. Et est vray que, depuis le matin jusques au soir, elle avoit chevauché toute armée, sans descendre boire ny manger. On luy avoit faict appareiller à souper bien et honorablement ; mais elle fist seulement mettre du vin dans une tasse d'argent, où elle mist la moitié d'eau, et cinq ou six soupes dedans, qu'elle mangea, et ne print autre chose tout le jour pour manger ny boire ; puis s'alla coucher en la chambre qui luy avoit esté ordonnée ; et avec elle estoient la femme et la fille du dict thrésorier, *laquelle fille coucha la nuict avec la dicte Jeanne.* » (*Quicherat*, t. 4, p. 219.) C'est ainsi encore, que pendant son séjour à Compiègne, elle partagea son lit avec la fille du Procureur du Roi, chez lequel elle était logée. On lit, en effet, en marge d'un exemplaire des *Annales d'Aquitaine*, de Jehan Bouchet. (*Bil. nat.* Rés. L. 359), la note suivante qui date du XVIe siècle : « La dite Pucelle estoit logée au logis du Procureur du Roy du dit Compiègne, à l'enseigne du *Bœuf*, et couchoit avec la femme du dit Procureur, mère-grand' de maistre Jehan Le Féron, appelée Marie Le Boucher et faisoit souvent relever de son lict la dite Marie pour aller advertir le Procureur que se donnast de garde de plusieurs trahisons des Bourguignons. »

(2) Louis de Contes page de Jeanne d'Arc, raconte dans sa déposition, que deux jours avant son entrée à Orléans, elle eut

« Quand elle était en armes et à cheval, jamais elle n'en descendait pour aucun besoin naturel et tous les gens de guerre s'émerveillaient qu'elle pût rester si longtemps à cheval.

« Son air, ses gestes, ses discours, étaient pleins d'honnêteté, de décence et de pudeur, jamais aucun jurement ne sortit de sa bouche ; ses lèvres ne proféraient que des paroles édifiantes et de bon exemple ; elle avait horreur des blasphèmes ; elle haïssait le jeu de dés ; pour rien au monde elle n'eût voulu faire une chose qu'elle eût cru déplaire à Dieu ; c'était en tout, une bonne et honnête créature, de très belle vie, abhorrant le vice, reprenant les vicieux, pleine de modestie et rapportant à Dieu la gloire de tous ses faits.

« Rien n'égalait sa simplicité et même son ignorance, dès qu'il ne s'agissait plus des opérations militaires, dans lesquelles elle se montrait très habile ; car elle s'entendait aussi bien à conduire et à disposer les troupes, à les ranger en bataille, à les animer au combat, que si c'eût été le plus subtil capitaine du monde, et qui eût consacré toute sa vie, à étudier l'art de la guerre. Personne ne montait mieux à cheval, ne se servait de la lance avec plus d'adresse, et surtout ne disposait l'artillerie avec plus d'intelligence. Elle valait à elle seule deux ou trois des plus célèbres guerriers. Elle joignait au courage le plus intrépide, la prudence et la prévoyance, qui semblent

le corps meurtri (*multum fuit lœsa*) parce que se trouvant obligée de coucher en pleine campagne, elle ne voulut pas ôter son armure : « *quia ipsa cubuit cum armis.* » (Quicherat, t. 3, p. 67, M. Boucher de Molandon, première expédition de Jeanne d'Arc, Orléans 1874, p. 48).

devoir être exclusivement le partage des capitaines consommés. Aussi était-elle, à cet égard, l'objet de l'admiration générale. Gaucourt et plusieurs autres généraux avouaient qu'elle était *moult docte en armes*, et *s'émerveilloient singulièrement de son industrie.* Hors de là, c'était toute naïveté et toute innocence.

« Elle ne tolérait aucun pillage, et reprenait sévèrement les hommes d'armes qui dérobaient des vivres dans la campagne et y commettaient quelque autre désordre. Elle préférait se passer de manger à se nourrir de vivres qu'elle savait ou soupçonnait avoir été enlevés par violence.....

« Elle ne souffrait point dans l'armée les femmes de mauvaises mœurs, et elle avait pour elles une horreur invincible; aucune n'osait approcher auprès d'elle; elle chassait honteusement du camp toutes celles qu'elle rencontrait, à moins que des soldats ne consentissent à les épouser immédiatement.

« Jamais chef de guerre ne se montra moins intéressé, et ne s'occupa moins de la récompense due à ses services. « Elle ne demandait rien à son roy » c'est elle-même qui nous l'apprend, « fors bonnes armes, bons chevaux et de l'argent à païer les gens de son hostel. »

On me pardonnera cette digression, mais il me semble que tout ce qui est susceptible de révéler la nature exceptionnelle de Jeanne d'Arc, contribue par cela même, à donner plus de relief encore au pays qui l'a vue naître.

Rentrons maintenant dans la pauvre maisonnette.

En face de la cheminée dans un enfoncement du mur, ménagé pour servir d'armoire, on aperçoit quelques fragments de sculpture trouvés dans la chapelle Sainte-Marie dont il sera parlé plus loin ; ces fragments consistent en un fronton Renaissance qui porte le nom d'E. Hordal, le parent de Jeanne d'Arc et en une clef de voûte ornée du blason de la famille du Lys.

Les murs de la chambre sont couverts d'inscriptions.

L'une gravée sur une plaque en marbre blanc est ainsi conçue :

En 1411
naquit en ce lieu
Jeanne d'Arc
surnommée la Pucelle d'Orléans,
fille de Jacques d'Arc et d'Isabelle Romée
Pour honorer sa mémoire,
le Conseil général des Vosges
a acquis cette maison.
Le Roi
en a ordonné la restauration,
y a fondé une école d'instruction gratuite
en faveur des jeunes filles
de Domremy, de Greux et autres communes,
et a voulu qu'une fontaine ornée
du buste de l'héroïne
perpétuat son image
et l'expression de la reconnaissance
publique
—
Ces ouvrages ont été achevés le XXV août M.D.CCCXX.
—
Hommage a Jeanne d'Arc
Députation de la ville d'Orléans
a Domremy
pour l'inauguration de ce monument
De Rocheplatte, *maire d'Orléans* ; de Grémion, *1er adjoint*,
et Rabelleau, *conseiller de Préfecture*,
délégué de M. Riccé, *préfet du Loiret*.

Trois autres, sur plaque en cuivre, portent :

A JEANNE D'ARC
LA PREMIÈRE LÉGION DE LA MANCHE
LE 6 SEPTEMBRE 1820

—

A LA MÉMOIRE DE JEANNE D'ARC
ET AU SOUVENIR DE CHARLES X.

—

A JEANNE D'ARC DE GLORIEUSE MÉMOIRE.

Gérard Jacob, de Reims, *écuyer, chevalier de la Légion d'honneur*, a consacré ce buste dont il a fait don aux habitants de Domremy, le 31 mars 1827.

A cette époque, en effet, un buste du roi Louis XVIII avait été placé sur la cheminée.

Plus loin les mots :

VERTU. — COURAGE. — DÉVOUEMENT.
ORLÉANS. — REIMS. — COMPIÈGNE. — PATAY.
CHINON. — VAUCOULEURS.

rappellent l'existence glorieuse de la Pucelle.

De la pièce de famille, on passe dans une autre, qui mesure 5 m. 40 de longueur sur 3 m. 30 de largeur et 2 m. 15 de hauteur ; un corps de cheminée dont on retrouve encore la trace semble démontrer qu'elle avait dû servir de *fournil*. C'était, suivant une tradition constante, la chambre où couchait Jeanne, et dans laquelle elle allait jusqu'à abandonner son propre lit aux pauvres gens qui imploraient sa charité (1).

On ne peut dominer une vive émotion, quand on se trouve dans cette pièce, où le jour n'entre que par une

(1) *Procès de Réhabilitation*, déposition d'Isabelle, femme Girardin.

petite fenêtre carrée, de quarante centimètres de hauteur sur trente de largeur, le tout ménagé dans la profondeur du mur, comme une véritable meurtrière (1). Or, quand on se place devant cette étroite ouverture, en se baissant quelque peu, on aperçoit le clocher de l'église, dont la maison de Jeanne d'Arc n'était séparée que par un bout de jardin et une portion du cimetière. On recompose alors, par la pensée les touchants épisodes de la jeunesse de la pieuse fille : on la voit s'agenouillant ou s'accoudant sur cette embrasure et contemplant avec extase, l'asile sacré où elle allait chaque jour se retremper dans la prière ; écoutant le bruit des cloches qui sonnaient l'*Ave Maria* du soir, et prêtant l'oreille *aux voix* qui déjà s'étaient fait entendre dans le jardin de son père, alors qu'elle n'avait encore que treize ans.

A côté de cette fenêtre, dans le mur à gauche, on voit encore le chassis en bois, d'une armoire dont elle se servait pour serrer ses effets. Un grillage le protège, pour la préserver des entailles, dont il ne manquerait pas d'être l'objet de la part des visiteurs.

A l'autre extrémité de la chambre était la porte d'un cellier, éclairé sur le jardin, par un soupirail.

Quant à la chambre qu'occupaient, les frères de Jeanne, elle avait son entrée par une porte donnant dans la pièce commune.

Jusqu'à présent, tous les historiens qui ont décrit la

(1) Voir la planche qui représente cette chambre.
Il est possible cependant qu'une autre ouverture ait éclairé la pièce. On y retrouve en effet, la trace d'une fenêtre pratiquée dans le mur qui la séparait de la chambre occupée, dit-on, par les frères de Jeanne d'Arc. La taille des pierres de cette fenêtre indiquerait qu'originairement, elle donnait sur l'extérieur.

maison de Jeanne d'Arc, ont considéré la prétendue chambre de ses frères comme en ayant fait partie dès l'origine. Les vestiges d'une seconde fenêtre dans la chambre de la Pucelle, ainsi qu'on l'a vu plus haut, sembleraient démontrer le contraire. En tout cas, il est certain que le corps de bâtiment où se trouve cette place, a dû être édifié ou reconstruit après celui qu'occupait la famille ; tous les dessins qui représentent la maison, telle qu'elle existait encore au commencement de ce siècle, ne laissent aucun doute à cet égard. En effet, le bâtiment comprenant la chambre dite des frères, forme une légère saillie en avant, tandis qu'aujourd'hui le tout est sur un même plan et se profile sur le même alignement, bâtiments et toiture (1).

Il existe, dans cette chambre des frères de Jeanne d'Arc, un escalier conduisant au grenier, qui rayonne sur les pièces du rez-de-chaussée. Une grande fenêtre croisée et une armoire creusée dans la muraille, indiquent suffisamment, que ce grenier a dû servir de lieu d'habitation. D'après M. l'abbé Bourgaut, il fut occupé dans la première moitié du XVIe siècle, par l'un de ses prédécesseurs, messire Claude du Lys, curé de Greux et Domremy et parent de Jeanne (2).

Ainsi que je l'ai déjà dit, le jardin qui entoure l'antique bâtiment, est actuellement des mieux entretenus. Des pins, dont la cime dépasse les murs, ombragent des pelouses verdoyantes. Un berceau de charmilles

(1) V. les dessins qui ont paru dans le *Magasin Pittoresque* ann. 1834, p. 43 ; le *Musée des Familles*, oct. 1833 ; ceux qui se trouvent dans le *Jeanne d'Arc* de M. Wallon, p. 26 et 234 et celui un peu fantaisiste d'ailleurs, qui figure dans la *Mission de Jeanne d'Arc*, par Frédéric Godefroy, Paris 1878, p. 3.

(2) *Guide et souvenirs du Pélerin à Domremy*, p. 46.

MAISON DE JEANNE DARC A DOMREMY

CHAMBRE OCCUPÉE PAR JEANNE D'ARC

y a été habilement ménagé et de l'endroit où il se trouve on aperçoit un ravissant paysage.

A gauche dela grille d'entrée, s'élèvent l'Ecole des jeunes filles et le logement qu'occupent les sœurs chargées de la diriger.

A droite, se présente un bâtiment composé de deux pièces dont la garde est confiée à ces sœurs. Une foule d'objets et d'œuvres d'art, rappelant le souvenir de Jeanne d'Arc, s'y trouvent rangés avec un soin tout particulier.

Parmi eux figurent :

1° Une copie de l'étendard de la Pucelle, faite par les dames d'Orléans, et envoyé par cette ville en 1863. Il est renfermé dans un beau meuble donné par M. le prince d'Hénin d'Alsace, propriétaire du château de Bourlemont ;

2° Un étendard offert par le général de Charette où sont représentés celui de Jeanne et celui de 1870 à Patay-Loigny ;

3° Un étendard de l'arrondissement de Neufchâteau, fait en 1866, pour la fête du centenaire de la réunion de la Lorraine à la France ;

4° Un étendard offert par l'Institution de la Malgrange à Nancy ;

5° Des couronnes, envoyées par les dames de Nancy et de Vaucouleurs.

6° Une bibliothèque vitrée, renfermant des ouvrages et des brochures sur Jeanne d'Arc.

Puis un grand nombre de tableaux et de gravures ornent également ce musée ; les principaux, sont :

Jeanne soignant un blessé Anglais, copie de Gustave Houser par Madame D. Morlaix. — *Jeanne dans la Crypte de Vaucouleurs échangeant la quenouille contre l'épée, devant l'autel de Saint-Michel,* par M. Laurent d'Epinal. — *Jeanne dans l'Eglise de Tours, offrant son épée à la Sainte-Vierge.* — *Jeanne au bûcher* (d'après Madame de Guizart). — *Jeanne en costume de Cour.* — *Jeanne en prison* (d'après Saint-Èvre par Marie-Christine d'Orléans, daté de Randan, juillet 1835.) — *Jeanne d'Arc dans sa prison et l'évêque de Beauvais*, par Paul Delaroche, — *Saint-Michel*, copie du Louvre par Marie Edmée. — *Bannière du Musée de Jeanne d'Arc*, par A. Pernot. — *Jeanne au bûcher,* copie de P. C. Marquis, par Mademoiselle Victoire Barbier. — Une belle gravure de Jouanin, d'après le tableau de Madame Laure de Chatillon : *Jeanne d'Arc vouant ses armes à la Vierge*, donné par Napoléon III en 1869 à la ville de Compiègne et figurant aujourd'hui au *Musée Vivenel* de cette ville. — *Première copie de la statue de la princesse Marie.* — Photographie d'une ancienne tapisserie des Gobelins, représentant l'entrée triomphale de Jeanne et de Charles VII à Reims, donnée par M. le duc de Montpensier. — Les navires de l'Etat qui ont porté le nom de Jeanne d'Arc par Mesdemoiselles Thérésa et Louise Griereau. — Enfin plusieurs reproductions photographiques des statues élevées en l'honneur de Jeanne d'Arc, et notamment, celle de Compiègne.

Une des légitimes préoccupations de tout visiteur, en entrant dans cette enceinte vénérée, est de se demander si c'est réellement bien là, qu'est née et qu'a grandi celle qui a sauvé la France.

Quelques écrivains ont cherché à le mettre en doute, mais l'authenticité de la maison de Jeanne d'Arc a été établie d'une façon tellement claire par M. de Haldat, l'un des descendants de sa famille, qu'il n'est plus possible aujourd'hui de penser le contraire.

En effet, après la mort de la Pucelle, Jacques d'Arc son père, miné par le chagrin, ne lui survécut que quelques mois; Isabelle Romée, sa mère, resta encore plusieurs années à Domremy, mais en 1438, sur les instances des habitants d'Orléans, elle consentit à aller habiter cette ville avec son fils, et y resta jusqu'en 1458, époque de sa mort.

La maison fut alors possédée par Jean Du Lys, Prévot de Vaucouleurs, second frère de Jeanne, et successivement, par Claude du Lys, Procureur fiscal de Domremy et de Greux pour le comte de Salm; par Etienne ou Thévenin Du Lys; par Claude Du Lys, Curé de Domremy et de Greux; par Didier Du Lys et par les descendants de Claude Du Lys. C'est vraisemblablement à l'un de ces derniers, que Montaigne eût l'occasion de parler, quand il dit en parlant de Jeanne d'Arc : « Ses descendants furent annoblis par faveur du roi, et nous montrèrent les armes que le roi leur donna, qui sont d'azur à une espée droite couronnée et poignée d'or, et deux fleurs de lys d'or, au côté de la dite épée, de quoi receveur de Vaucouleurs donna un écusson peint à M. de Caselir. »

Le fils aîné de Claude Du Lys avait épousé Nicole Thiesselé; or, les armoiries de Thiesselé, sont les mêmes que celles placées à gauche de la porte d'entrée, comme on l'a vu plus haut; il a donc dû posséder la maison.

Au XVIe siècle, cette dernière passa dans les mains des Comtes de Salm, Seigneurs de Domremy, puis au XVIIIe, elle devint la propriété de Jean Gérardin dont les descendants la conservèrent jusqu'en 1818.

« S'il restait encore quelque objection à résoudre, ajoute M. de Haldat, elle ne pourrait se tirer que de la durée attribuée à cette maison qui maintenant, a plus de quatre siècles. Il est vrai que la plupart des constructions rurales ne durent pas aussi longtemps ; mais il ne l'est pas moins, qu'il en est de cette espèce, qui remontent à des époques plus éloignées encore. On doit remarquer aussi que la pierre de Domremy est de bonne qualité ; qu'on y a employé une assez grande quantité de tailles ; que l'intérieur offre plusieurs objets, tels qu'une cheminée et une petite armoire en pierre dont la coupe et les ornements conviennent à l'époque qu'on leur assigne et qu'à l'exception de quelques réparations faciles à reconnaître, il n'y a rien de moderne dans cet édifice; qu'au contraire, les parties principales de la construction offrent le caractère de l'antiquité la plus évidente (1). »

Au seuil même de la porte d'entrée, on trouve dans le soubassement, la trace de pierres qui datent certainement du XVe siècle.

Du reste, l'enceinte de la maison était loin de

(1) *Examen critique de l'Histoire de Jeanne d'Arc,* Nancy 1850, p. 270.

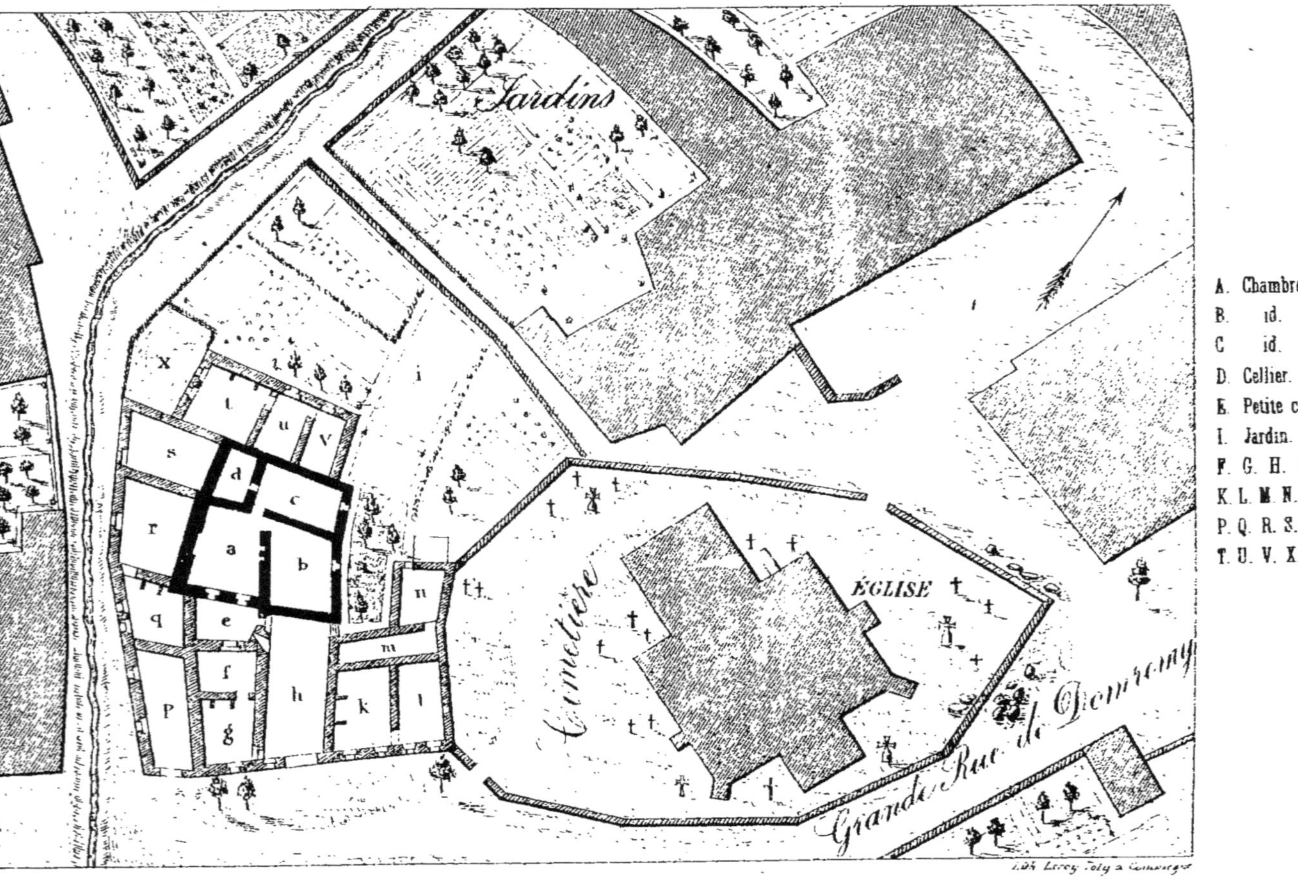

A. Chambre de famille.
B. id. des frères.
C. id. de Jeanne d'Arc.
D. Cellier.
E. Petite cour.
I. Jardin.
F. G. H. Maison Gérardin.
K. L. M. N. id. Humblot
P. Q. R. S. id. Liétard
T. U. V. X. id. Boudin

MAISON DE JEANNE D'ARC ET HABITATIONS QUI L'ENTOURAIENT EN 1819 ressembler à ce quelle est aujourd'hui ; le corps de logis habité par la famille d'Arc donnait sur une petite cour, qui elle même, était bordée par des constructions occupées par Gérardin et qui ne permettaient pas de voir de la rue, le pignon où est née Jeanne d'Arc. Sur l'un des côtés et par derrière il était également masqué par plusieurs propriétés appartenant en dernier lieu à MM. Humblot, Liétard et Boudin (1).

Au commencement de ce siècle, la destination en était complètement changée, et encore, bien que le propriétaire attachât à la possession de cette pauvre maison, un prix tout particulier, ainsi qu'on le verra plus loin, il l'avait laissée dans un état de délabrement absolu.

« Les chambres où logèrent l'héroïne et ses parents, écrivait alors *le Narrateur de la Meuse*, sont converties en étables ; de vils animaux occupent l'emplacement du lit de Jeanne d'Arc ; son armoire vermoulue renferme des ustensile d'écurie. » Voici au surplus, la description qu'en faisait vers 1819, M. Jollois, chargé de la restauration de cette antique demeure :

« Après avoir traversé les pièces qui composent la maison de Gérardin, on arrive dans une petite cour obscure qui précède cette habitation et qui probablement en faisait partie. La première pièce, est la chambre dans laquelle on suppose que l'héroïne est née. Ses quatre murailles sont sales, dégradées et dans le plus mauvais état, tant à l'intérieur qu'à l'extérieur.....

« La chambre est remplie par deux cuves où l'on

(1) V. le plan reproduit d'après M. Jollois.

fait fermenter le vin, à l'époque des vendanges. Le plancher supérieur est entièrement dégradé. Il ne reste plus d'intact, que la poutre du milieu et deux demi-poutres engagées dans les murs latéraux, sur lesquelles portaient les madriers qui forment le plancher, on voit encore les entailles pratiquées dans ces poutres pour recevoir les bouts des madriers. Ces derniers sont aujourd'hui remplacés par de mauvaises solives, toutes vermoulues, qui ne sont ni équarries ni dégrossies.

« Sur la face latérale de droite, en entrant, on remarque deux petites armoires, ménagées dans l'épaisseur de la muraille. Elles sont surmontées d'une corniche de pierre en partie détruite ; la face latérale de gauche, offre les restes d'une cheminée dont le manteau se voit dans l'habitation de Gérardin. Le mur de face est percé d'une seule ouverture qui donne du jour dans la pièce. Il y avait autrefois une fenêtre, dont l'encadrement était en pierre de taille, et qui était partagée en deux compartiments par un montant, aussi en pierre. Mais l'un de ces compartiments est aujourd'hui muré. On remarque aussi dans la pierre de taille, des trous qui annoncent l'ancienne existence de barreaux de fer.

« De la chambre de Jeanne d'Arc (1) on communique par une porte, à droite, dans une pièce servant aujourd'hui d'étable à vaches. C'est un véritable bouge qui ne reçoit de lumière que par une petite fenêtre ouverte sur le jardin. La porte du fond

(1) M. Jollois désigne ici sous le nom de *chambre de Jeanne d'Arc* la pièce où elle serait née et non celle où elle couchait dont il parle ensuite.

conduit à une pièce servant de cellier, mais qui paraît avoir été anciennement une chambre à four, on y voit en effet, les débris d'un four et de sa cheminée.

« Toutes ces pièces sont humides et sales, à un point dont on ne peut se faire une juste idée, si on ne l'a vu soi-même. Elles sont plus basses de soixante à quatre-vingt centimètres que le sol du jardin dépendant de cette habitation ; les eaux y rentrent dans les grandes crues de la Meuse (1). »

Ce misérable état n'empêchait pas qu'on venait tout exprès à Domremy pour voir ce qui restait de la chaumière, et qu'on la saluait toujours, avec une vénération profonde, si délabrée qu'elle fût.

« Ceux qui la visitaient, continue M. Jollois, ne s'en retournaient pas les mains vides. Ils arrachaient des éclats de la poutre du plancher de la chambre de Jeanne d'Arc, et ils les emportaient comme des reliques précieuses, qui devaient leur rappeler un pélerinage où s'attachaient des idées de valeur et d'héroïsme. Les princes de la maison d'Autriche, vinrent eux-mêmes à Domremy, accompagnés d'une suite nombreuse de généraux et d'officiers, et lorsqu'ils furent devant la statue de Jeanne d'Arc, on les vit s'incliner et saluer la vertueuse héroïne. Ils demandèrent alors, les uns, des parcelles de bois, les autres, des éclats de pierre enlevés dans la maison de Jeanne. L'éclat de pierre, dont on voit encore la place au-dessus du linteau de la porte de la chambre de l'héroïne, a été détaché par l'archiduc Ferdinand.

(1) *Hist. abrég. de la vie de Jeanne d'Arc*, p. 165.

Des personnes de la suite des princes prirent jusqu'à des herbes, qui se trouvaient sur les murailles extérieures de la chaumière. Mais tous les étrangers ne se bornèrent point à ces larcins innocents. Un comte prussien porta plus loin ses prétentions. Il proposa au propriétaire de la maison de Jeanne d'Arc, de lui vendre la pierre et la statue, formant le couronnement de la porte d'entrée de son habitation. Gérardin, ce propriétaire qui sentait tout le prix de ce monument historique, ne voulut point condescendre au désir de l'étranger. Celui-ci crut qu'il lèverait toutes les difficultés, en proposant au propriétaire de lui vendre la maison tout entière. Mais le refus de ce vrai patriote, de ce bon citoyen, ne fut que plus obstiné et, dès lors, toutes les propositions qu'on lui fit furent rejetées avec indignation » (1).

Quelques années après, ce même Gérardin, qui avait repoussé une offre de six mille francs comptant à lui faite par un étranger, consentait sur le vœu du Conseil général des Vosges, à vendre à ce département la maison séculaire de Jeanne d'Arc, moyennant la modique somme de deux mille cinq cents francs.

L'acte passé le 20 juin 1818, à Domremy-la-Pucelle, dans la maison même, devant Claude Edme, notaire à Neufchâteau, porte ce qui suit :

« Nicolas Gérardin, dragon au service de France, retraité pour cause de blessures reçues à la défense du territoire français, de présent, vigneron domicilié au dit Domremy-la-Pucelle, son pays natal ;

(1) *Histoire de la vie et des exploits de Jeanne d'Arc*, Paris 1821, p. 153.

« Lequel déterminé par le désir de faire, en faveur des habitants du département des Vosges, une concession qui leur soit agréable, et plus encore, pour l'amour de sa patrie, et du Roi, son bien-aimé souverain, a bien volontairement et de son plein gré, déclaré céder et transporter en toute propriété avec promesse de garantie ainsi qu'il est exprimé par la loi :

« Au département des Vosges, dont le village de Domremy fait partie ; agissant par Me Boula de Colombiers, maître des requêtes, Chevalier de l'ordre royal de la Légion d'honneur, Préfet du dit département et par MM. les membres du Conseil général, acceptant au cas présent, par M. Florentin Muel, propriétaire de forges, domicilié à celle de Sionne, l'un des membres du dit Conseil général, aussi comparaissant en personne ;

« La maison qu'il habite en ce lieu de Domremy, à lui provenant d'ancien, comme seul enfant et unique héritier d'Albert Gérardin son père, décédé, et appartenant originairement à Jacques d'Arc et à Isabelle Romée, à Jeanne d'Arc, leur fille, surnommée la Pucelle d'Orléans qui l'a habitée et où elle est née, au plus tard en l'an quatorze cent-douze, au surplus ainsi qu'il est de toute notoriété et de tradition certaine ;

« Comme la dite maison se contient actuellement, de haut en bas et de fond en comble, avec tous ses bâtiments, son jardin potager au derrière, le buste de la dite Jeanne d'Arc placé à l'extérieur au-dessus de la couverte de l'entrée principale ; ses terrains et accints, tant intérieurs qu'extérieurs, ses aisances et dépendances, au-devant, au derrière, et de chaque côté, sans en rien réserver ; la totalité située près de l'église de Domremy, et la rue du Moulin, entre Toussaint Humblot, au nord ; Elophe Liétard, au midi ; ayant ses jours et entrées principales sur la dite rue au Levant, confiné au couchant par les filles Boudin et le dit Elope Liétard ;

« Ainsi transmise, franche de tous cens, charges, servitudes et redevances foncières ; pour par le département en faire et disposer en toute propriété et puissance à compter de ce jour ; néanmoins sous les réserves ci-après :

« Cette cession ainsi faite, et consentie par le dit Gérardin, à la condition que, quelque soit à l'avenir la disposition du local, son objet principal, et quels que soient les changements qu'il doive éprouver, il en sera le gardien tant qu'il vivra ; au surplus, tant que par sa conduite, il méritera d'être chargé de ce gardiennat ; garde qu'il demande, au reste, comme faveur spéciale, et pour le maintenir lui et sa famille dans le souvenir d'une habitation à laquelle il tenait, à raison, des vertus et de l'héroïsme de Jeanne d'Arc.

« Moyennant, en outre, la somme de deux mille cinq cents francs en principal, à compte de laquelle il reconnaît avoir reçu à l'instant par les mains et les deniers de mon dit sieur Muel, celle de six cents francs, dont d'autant quittance ; quand à la somme de dix-neuf cents francs restant, M. Muel s'engage d'en faire le paiement entre les mains du dit Gérardin, au plus tard dans un an, date de ce jour, et sans intérêts jusque là ; obligation que le même Muel a, en tant que de besoin, déclaré contracter personnellement et directement envers le dit Gérardin, qu'il autorise au surplus à en exiger de lui l'exécution sans égard à la qualité sous laquelle il contracte ici sous au nom du département des Vosges ; clause que M. Muel fait insérer ici expressément en témoignage de la bonne volonté que le même Gérardin a mise à lui faire cette concession, se recommandant au reste le dit vendeur à la bienveillance des autorités du département et aux bontés de sa majesté, dont il n'a rien plus à cœur que de re rendre digne, à la considération de la nombreuse famille dont il est chargé de l'état de pauvreté dans lequel il se trouve.

« Dont acte lu aux parties, fait et passé en la maison vendue, en présence de MM. Jean-Baptiste-Laurent Humblot, maire de la commune, et Claude-Joseph Boucirot, prêtre desservant la succursale de Maxey-sur-Meuse, domicilié au dit Domremy-la-Pucelle, témoins connus requis et soussignés avec les comparante et le notaire, les an et jour avant dits. »

Si l'ancien propriétaire de la maison de Jeanne d'Arc ne recueillait pas de cette aliénation, tout le bénéfice pécuniaire qu'il pouvait en tirer, son noble désintéressement lui valut une récompense à laquelle il devait attacher beaucoup plus de prix encore. En effet, le roi Louis XVIII, profondément touché du rapport que lui fit de cette négociation, M. Lainé alors Ministre de l'Intérieur, nomma Gérardin, Chevalier de la Légion d'honneur « tant à cause des services de cet ancien militaire qu'en mémoire de Jeanne d'Arc. »

De son côté, la ville d'Orléans, dès qu'elle eut connaissance de cette action aussi patriotique que désintéressée, fit frapper en l'honneur du même Gérardin une médaille en or, représentant le buste du Roi avec l'exergue :

LOUIS XVIII ROI DE FRANCE ET DE NAVARRE

sur le revers on lisait :

LA VILLE D'ORLÉANS
A NICOLAS GÉRARDIN
DE LA FAMILLE DE
JEANNE D'ARC,
POUR AVOIR PAR UN LOUABLE
DÉSINTÉRESSEMENT CONSERVÉ A
LA FRANCE LA MAISON OU NAQUIT
LA PUCELLE D'ORLÉANS.
1818.

Cette médaille lui fut adressée par M. le comte de Rocheplatte, maire d'Orléans avec une lettre ainsi conçue :

« Brave Gérardin,

« Les habitants d'Orléans n'ont pu apprendre sans un attendrissement profond, ce que vous venez de faire pour conserver à la France la maison où naquit Jeanne d'Arc.

« Cet exemple de patriotisme et de générosité n'a rien qui doive surprendre de la part d'un membre de sa famille ; il sera apprécié par tous les cœurs vraiment français.

« Il est par nous surtout, associés depuis plus de quatre siècles à la gloire de notre libératrice ; nous, auxquels appartient ce qui se rapporte à elle et qui, comme vous, sommes aussi de sa famille

« Grâce à votre noble désintéressement, l'or de l'étranger à été dédaigné ; la destruction qu'il méditait a été prévenue, et par un sacrifice de plus, vous avez le bonheur de voir attacher le titre de monument public à l'humble toit que l'opinion des siècles avait constamment entouré de leur respect.

« Vous venez de prouver que le berceau de la gloire n'a pas cessé d'être l'asile de la vertu. Aujourd'hui qu'il devient solennellement leur temple, c'est à vous que la garde en sera confié, mais vous n'avez désiré l'obtenir que sous la condition que vous vous en montreriez toujours digne.

« Brave homme ! c'est nous faire regretter que vous ne puissiez vivre toujours.

« L'histoire immortalisera votre belle action ; elle associera encore une fois votre nom à celui de l'illustre héroïne ; nos derniers neveux répèteront après nous : il fut digne d'appartenir à Jeanne d'Arc, celui qui, après avoir versé comme elle son sang pour sa patrie, celui qui, privé avec sa famille des dons de la fortune, a compté pour rien ses bienfaits à côté de ce que lui commandaient l'honneur et l'amour de son pays.

« Je joins à cette lettre : expédition de la délibération du conseil municipal par laquelle il m'a chargé de vous l'adresser en son nom et la médaille d'or qui doit en perpétuer le souvenir.

« Ces témoignages de notre reconnaissances ont pour nous l'accomplissement d'un devoir sacré ; je m'honore d'être en cette circonstance l'organe de mes concitoyens et de vous assurer de la parfaite considération avec laquelle j'ai l'honneur d'être etc., etc.

« Le comte DE ROCHEPLATTE. »

Dans son enthousiasme, l'honorable maire d'Orléans commettait une erreur en signalant Gérardin comme étant de la famille de Jeanne d'Arc : pareil honneur ne lui avait pas été réservé, mais comme on l'a déjà fait observer, cette circonstance ne rendait son action que plus recommandable encore.

Le 5 août 1818, une ordonnance royale approuva l'acte du 20 juin précédent et quelques temps plus tard, le département des Vosges se rendit également acquéreur de tout l'îlot de maisons dans lequel se trouvait celle qui avait été le berceau de Jeanne d'Arc.

Il fut décidé alors qu'un monument destiné à perpétuer la mémoire de l'héroïne serait érigé, et qu'auprès de l'antique demeure, serait fondée une école gratuite pour les jeunes filles de Domremy, de Greux et des communes environnantes.

Le roi accorda, à cet effet, une somme de 20,000 fr. dont 8,000 fr. devaient être affectés au service d'une rente annuelle de 400 fr. destinée à l'entretien d'une sœur de charité qui serait chargée de diriger l'école. Il donna également le buste en marbre de Jeanne d'Arc qui devait être placé sur le monument.

En outre, le Conseil général des Vosges vota en 1817, sur la proposition du préfet, une somme de 3,000 fr. pour compléter les dépenses rendues nécessaires par l'exécution des travaux et embellissements projetés.

On se mit immédiatement à l'œuvre ; l'ancienne maison de Jeanne d'Arc, fut nettoyée, réparée et consolidée dans les parties qui semblaient menacées ; les dispositions en furent ménagées, à peu de chose près, telles qu'elles nous apparaissent aujourd'hui, et sur l'emplacement d'une partie des bâtiments qui l'obstruaient, on construisit les deux ailes qui servent à l'Ecole des filles et au Musée.

« La façade de l'habitation de la famille d'Arc, écrit M. Jollois, est remise dans son état primitif ; on y a rétabli au-dessus de la porte d'entrée les pierres chargées de sculptures qui étaient naguères au-dessus de la porte de la maison de Gérardin. Quant à la statue de l'héroïne dont nous avons donné la description, elle sera restaurée et placée sur un piedestal dans la chambre même de Jeanne d'Arc ; la double fenêtre qui éclairait cette pièce a été rouverte, et l'on y a employé des vitraux de la forme de ceux en usage au quinzième siècle ; une bordure étroite de verres de couleur alternativement rose et blanc, en forme l'encadrement ; la fenêtre à quatre compartiments qui donnait du jour dans le grenier, est aussi rétablie ; les baies de croisées sont défendues à l'extérieur par des barreaux en fer dont les trous de scellement existaient encore, on a replacé dans l'intérieur de la chambre de Jeanne d'Arc (1) une cheminée qui en avait été enlevée autrefois pour la transporter dans l'une des pièces de la maison de Gérardin ; une corniche en pierres qui couronne la double armoire pratiquée dans la face latérale à droite a été réparée ; sur la poutre du milieu et sur

(1) Il s'agit de la pièce d'entrée commune à la famille.

les deux poutres encastrées dans les murs latéraux on a replacé dans les anciens encastrements, des solives et un plancher ; les poutres *qui sont anciennes*, montrent encore les traces des mutilations honorables qu'elles ont éprouvées, et attesteront pendant longtemps les hommages rendus par les Français et les étrangers à la mémoire de l'illustre héroïne. Le plancher bas de la pièce est formé maintenant de grandes dalles de pierre. » (1)

Bientôt après on commença le monument élevé à la mémoire de Jeanne d'Arc sur la place de Domremy, au milieu d'une plantation de peupliers.

Ce monument consiste en une fontaine, dont l'eau, aujourd'hui tarie, était versée dans une vasque par un masque de lion en bronze appliqué sur la face extérieure du piédestal. Le trop-plein allait se perdre dans la rivière. Le corps de ce piédestal repose sur un socle de pierre et il est surmonté d'une corniche dans le goût antique ; quatre piliers d'ordre dorique couronnés d'une architecture et d'une corniche, recoivent un toit en pierre terminé sur les faces antérieures et postérieures par un fronton. Au milieu de cette espèce de portique est posé sur un cippe le buste de Jeanne d'Arc sculpté par M. Legendre-Héral, alors professeur à l'Ecole des Beaux-Arts de Lyon. Il reproduit, dit M. de Haldat, « l'image de la Pucelle d'Orléans sous les traits d'une femme jeune, forte et remplie d'un saint et généreux enthousiasme. De longs cheveux flottent sur ses épaules et sa tête est couverte de cette toque à panache avec laquelle elle

(1) *Histoire abrégée de la vie de Jeanne d'Arc*, p. 169.

a été représentée par les artistes qui ont vécu à l'époque où ses traits étaient encore présents à la mémoire de ses contemporains. » (1)

Je suis loin de partager cette admiration et, comme M. l'abbé Jeangeot, j'estime qu'un pareil buste « est indigne à tous les points de vue de celle qu'il a l'ambition de représenter. Ni le bon goût, ni le sentiment religieux y trouvent leur compte » (2) et, c'est avec raison que l'abbé Barthélemy de Beauregard, en en parlant, s'écrie : « C'est une fontaine, lourd baldaquin de pierres de taille entouré d'une grille, sous lequel s'élève sur un lourd piédestal, une lourde statue ou plutôt un buste épais, à la face insignifiante, que l'inscription menteuse dit être la figure inspirée de l'héroïne : c'est tout ce qu'il y a de plus carré, de plus froid et de plus prosaïque au monde. (3) » Ce que je dis du buste, je le pense également du momonument tout entier sur lequel on lit, d'un côté, en lettres de bronze :

A LA MÉMOIRE DE JEANNE D'ARC

et de l'autre :

MONUMENT VOTÉ PAR LE DÉPARTEMENT DES VOSGES

Le 25 juillet 1820, jour où la première pierre de cette fontaine fut posée, en présence de M. Cherrier Sous-préfet de Neufchâteau, de M. Humblot, maire de Domremy, et d'une nombreuse affluence, on pratiqua dans cette pierre qui formait le socle du pié-

(1) *Histoire de Jeanne d'Arc*, par M. Jollois, p. 195.

(2) *Jeanne d'Arc et ses Souvenirs à Domremy et à Vaucouleurs*, Nancy, 1878, p. 80.

(3) *Hist. de Jeanne d'Arc*, t. 1er, p. 2.

destal, une cavité destinée à recevoir certains objets. Deux boîtes en plomb, emboîtées l'une dans l'autre. et séparées toutefois par une couche de charbon pilé, renfermèrent une troisième boîte en noyer qui fût divisée en deux parties : dans l'une, on renferma la tragédie de Jeanne d'Arc par d'Avrigny ; et les deux Messéniennes de Casimir Delavigne consacrées à la Vierge de Domremy, le tout relié en un seul volume par Simier : dans l'autre, on plaça les médailles ci-après :

1° Le retour de Louis XVIII en France, avec l'effigie du Roi et de la France tendant les bras vers le vaisseau qui lui ramène ce prince. Au bas est écrit : Il apporte la paix du monde, 1814.

2° La Charte constitutionnelle, représentant également l'effigie de Louis XVIII, et sur un des revers, le Roi assis sur son trône et présentant la Charte aux députés qui lui jurent fidélité et obéissance. Au-dessous on lit : Charte constitutionnelle, 4 juin 1814.

3° La Légion d'honneur où l'on voit d'un côté Henri IV, et de l'autre les insignes de la décoration avec ces mots : *Ordre royal de la Légion d'honneur.*

4° La médaille frappée en mémoire de la statue érigée à Jeanne d'Arc, à Orléans. D'un côté, la figure de Louis XVIII et de l'autre, la statue élevée alors sur la place du Martroy. Sur l'exergue, on lit : « *Monument rétabli à Orléans le 8 mai 1805. Le 8 mai 1429 elle sauva Orléans, la France et son roi* ».

5° Une médaille à l'effigie du roi Louis XVIII et sur le revers est gravée l'inscription suivante : LE XXV JUIN MDCCCXX ON A POSÉ LA PREMIÈRE PIERRE DU

MONUMENT ÉRIGÉ A LA MÉMOIRE DE JEANNE D'ARC A DOMREMY. .

A ces médailles on joignit plusieurs pièces de monnaie en or et argent au millésime de 1820, et une plaque en bronze portant ce qui suit :

L'AN DE GRACE MDCCCXX,
LE XXV° JOUR DU MOIS DE JUIN
SOUS LE RÈGNE DE SA MAJESTÉ LOUIS XVIII
ON A POSÉ LA PREMIÈRE PIERRE DE LA FONTAINE MONUMENTALE
ÉRIGÉE A LA MÉMOIRE DE JEANNE D'ARC.
M. BOULA DE COLOMBIERS MAITRE DES REQUÊTES
ÉTOIT PRÉFET DU DÉPARTEMENT DES VOSGES
M. CHERRIER SOUS-PRÉFET DE L'ARRONDISSEMENT DE NEUFCHATEAU
ET M. HUMBLOT, MAIRE DE DOMREMY
LE CONSEIL GÉNÉRAL DU DÉPARTEMENT DES VOSGES
ÉTOIT COMPOSÉ DE MESSIEURS
LE DUC DE CHOISEUL, PAIR DE FRANCE — SAUTRE — LEMARQUIS
D'HENNEZEL — DROUEL — DERAZES — MUEL
VAULOT — HUSSON — LE COMTE BOURSIER DE VILLERS
FALATIEU — CHAMPY
DE BRUYÈRES — DE BAZELAIRE — HUGO.
M. JOLLOIS, INGÉNIEUR EN CHEF DES VOSGES
A ÉTÉ CHARGÉ
DE RÉDIGER LES PROJETS DU MONUMENT ET D'EN SUIVRE L'EXÉCUTION

L'année suivante, le 10 du mois de septembre, eut lieu avec une solennité sans exemple, l'inauguration de ce trop modeste édifice.

J'emprunte à M. Jollois, témoin oculaire, le récit de cette cérémonie qui prouve combien dans la région où Jeanne d'Arc avait passé sa jeunesse, son souvenir électrisait les cœurs :

« Dès le matin, la fête fut annoncée par le bruit de l'artillerie et par le son des cloches de Domremy, de Greux et des communes environnantes. Le soleil, sorti de l'horizon pur et sans nuage, promettait la plus belle journée. A une heure, M. le Préfet, accompagné d'une députation du Conseil général du département des Vosges, présidé par M. le duc de Choiseul-Stainville, arrive sur le pont de Domremy ; il était suivi par les députations des villes de Nancy de Toul, de Commercy et de Vaucouleurs ; un arc de triomphe de verdure surmonté de la figure de Jeanne d'Arc à cheval, décorait le pont jeté sur la Meuse, à l'entrée de Domremy ; il était orné d'inscriptions relatives aux exploits de l'héroïne ; les avenues du village étaient gardées par la garde nationale de Neufchâteau, rangée en bataille et remarquable par sa belle tenue. Toutes les rues de Domremy avaient été sablées, les maisons étaient ornées de festons et de verdures; tout, enfin, respirait la joie et la satisfaction qu'inspirait aux habitants la solennité de ce beau jour...

« Lorsque tout fut prêt, le cortège se rendit à l'église, les différentes députations prirent auprès de M. le Préfet les places qui leur étaient assignées ; le curé cantonal, assisté des desservants des communes voisines, était à l'autel ; alors, le commandant de la garde nationale de Neufchateau présente le drapeau à la bénédiction. M. le Curé prononça, dans cette circonstance, un discours renfermant l'éloge le plus noble des vertus chrétiennes de l'héroïne, de ces vertus qui furent la source de ses hauts faits et de ses plus belles actions. M. de Haldat-du-Lis descendant de la famille d'Arc, secrétaire de l'Académie de Nancy, monta ensuite en chaire et prononça l'éloge de Jeanne d'Arc mis au concours par cette Académie. L'orateur produisit sur l'assemblée une vive impression en lui rappelant tous les traits de la vie héroïque de celle qui était l'objet de la solennité du jour ; le *Te Deum* fut ensuite chanté au son des cloches.

« Après cette cérémonie, on se rendit sur la place de Domremy... Au signal donné par le Préfet, le voile qui couvrait le monument tombe et laisse voir les traits de l'héroïne ; l'air retentit alors des cris mille fois répétés de : Vive le Roi ! Honneur à Jeanne d'Arc. Les jeunes filles de Domremy et de Greux vêtues de blanc et rangées autour du piédestal, n'attendaient que le moment de déposer sur ce piédestal les couronnes qu'elles avaient à la main ; le signal leur fut en effet donné par la fille du maire qui montée sur une estrade, vint poser elle-même sur la tête de Jeanne d'Arc une couronne de laurier et d'immortelles. Alors M. le Préfet, s'avançant sur le piédestal du monument, prononça un discours analogue à la circonstance et qui respire l'amour du Roi et de la Patrie. Il fut accueilli par des applaudissements unanimes et aux cris répétés de : Vive le Roi ! Vivent les Bourbons ! M. le Maire d'Orléans succéda à M. le Préfet et ses paroles excitèrent un vif intérêt ; il était même, ainsi que ses collègues de la députation d'Orléans, l'objet des questions empressées de tout les spectateurs ; chacun voulait voir les députés de cette ville héroïque qui donnait, dans cette circonstance, une preuve si éclatante de sa reconnaissance envers l'illustre guerrière à laquelle elle avait dû sa délivance au XVe siècle... M. le duc de Choiseul, président du Conseil général du département des Vosges, ne pouvait, dans cette occasion, rester spectateur oisif de tout ce qu'il avait en quelque sorte créé par son influence et par son crédit. Dans ce discours, noblement exprimé, il paya aux vertus de l'héroïne, à ses hauts faits, ce juste tribut d'éloges et exposa tout ce que l'on devait à la bonté et à la munificence du Roi pour remettre en honneur, dans son pays natal, la mémoire de la célèbre Jeanne d'Arc. »

EGLISE DE DOMREMY. — Pour compléter les pages qu'on vient de lire, il me reste à dire quelques mots de l'*Eglise de Domremy*, de la *Chapelle de Sainte-Marie* et de la *Chapelle de Bermont* qui, toutes trois, sont également liées au souvenir de Jeanne d'Arc.

L'église actuelle de Domremy a été remaniée complètement, mais les substructions, la grande voûte, les colonnes et quelques pierres de deux contre-forts, ainsi que la base de la tour sont contemporaines de Jeanne d'Arc, d'après M. l'abbé Bourgaut, qui a fait de cet édifice une description des plus détaillées (1).

Quant au transept, à l'abside, aux autels et au clocher, ils ont été relevés ou déplacés en 1824.

Dans le principe, l'église était romane, longue de trois travées et large de trois nefs. La tour était assise entre les nefs et une sacristie qui faisait saillie sur la rue. En 1824, on éleva une abside sur l'emplacement de l'ancien portail. Des cinq autels, deux consacrés à Saint-Sébastien et à Saint-Jean-Baptiste furent supprimés ; mais les bases primitives furent conservées. A l'intérieur, entre l'emplacement de la chapelle Notre-Dame de Domremy, où Jeanne allait

(1) *Guide et Souvenirs du Pélerin à Domremy*, Nancy, 1878, p. 51.

si souvent prier, on retrouve les fonts baptismaux qui étaient primitivement dans la chapelle Saint-Jean-Baptiste, et que la tradition fait remonter à l'époque romane ; ils ont donc servi au baptême de la Pucelle. Sur la même pierre elle tint plus tard, à son tour, un enfant de Gérardin d'Epinal et c'est à ce dernier qu'elle disait avant de partir pour Vaucouleur : « Compère, si vous n'étiez pas Bourguignon, je vous dirais quelque chose. »

On sait que Jeanne eut, suivant l'usage d'alors, cinq marraines et quatre parrains, ce qui prouve encore la considération dont jouissait à Domremy la famille d'Arc. Parmi les marraines figurent Jeannette veuve Thiesselin ; ce sont vraisemblablement les fils de cette dame Thiesselin, dont on retrouve la pierre tombale dans l'église avec l'inscription suivante :

Ci-Gist Jacob Thiesselin qui trespassa l'an mil ccc. jjjj, xx et jjj, le quinziemе jour de novembre et Didier Thiesselin son frère qui trepassa l'an mil cccc...

Ces deux Thiesselin furent entendus comme témoins dans le procès en Réhabilitation de la Pucelle.

Les voûtes de l'église et les piliers sont garnis de transparents, bannières, oriflammes et couronnes, placés en l'honneur de Jeanne d'Arc.

Deux tableaux dus au même pinceau, la représente dans sa vie intime. L'un porte l'inscription suivante :

« *Jeanne d'Arc sous l'arbre des fées, tresse des couronnes* — MARS 1879. » L'autre a pour légende : « *Jeanne d'Arc dans sa chambre à Domremy, par un amateur Vosgien* — 1879. » Et au dessous, le peintre à écrit lui-même : « Puisse ce coup de pinceau naïf et maladroit engager les artistes à traiter plus dignement ces premières pages d'une vie héroïque ! »

En dehors de l'église, à gauche, on voit une statue de l'héroïne en habit rustique ; elle est à genoux, le regard et un bras levés vers le ciel. Cette statue, sortie de la fonderie Bronchon (Haute-Marne) et due au ciseau de M. E. Paul, a été érigée en 1860, ainsi que le constate l'inscription suivante gravée en lettres d'or sur une plaque de marbre :

INAUGURATION DE LA STATUE
DE JEANNE D'ARC
A DOMREMY LE 30 SEPTEMBRE 1860

—

SOUS LE PATRONAGE DE LA SOCIÉTÉ
DES SCIENCES INDUSTRIELLES
ARTS ET BELLES LETTRES DE PARIS

—

Le président,
Dr BOUSSAIS.

Le secrétaire perpétuel,
Dr B. LUNEL.

Le délégué,
AD. FAVRE.

Le sculpteur,
EUG. PAUL.

LE BOIS-CHENU. — L'ARBRE DES FÉES. — L'ERMITAGE SAINTE-MARIE. — Si, en quittant de Domremy, on se dirige vers le château de Bourlemont, en suivant la rive gauche de la Meuse, on arrive, après avoir parcouru environ onze cents mètres, à un coteau boisé qui, comme on là vu plus haut, passe pour avoir appartenu au père de Jeanne. Il était couvert de chênes ; d'où son nom de *Bois-Chenu*.

Au bas du coteau se trouvait un hêtre magnifique auquel personne, même du temps de Jeanne d'Arc, ne pouvait assigner d'âge, tant il paraissait vieux. On l'appelait tour à tour le *Beau mai,* l'*Arbre des dames* et l'*Arbre des fées.*

En 1628, Edmond Richer auteur d'une vie manuscrite de la Pucelle, écrivait à propos de cet arbre qu'il avait pu contempler : « les branches de ce *fau* (du mot *fagus* hêtre), sont toutes rondes et rendent une belle et grande ombre pour s'abriter dessous, comme presque l'on serait au couvert d'une chambre, et faut que cet arbre aye pour le moins trois cents ans, qui est une merveille de nature. »

Dans le *Procès de Réhabilitation*, un des témoins, Gérardin d'Epinal, laboureur à Domremy, déclarait de son côté, que cet arbre était énorme et beau comme un lys en été, avec son épais feuillage et ses branches qui s'étendaient au loin et tombaient jusqu'à terre : « ac folia et rami ejus veniunt usque ad terram. »

Non loin de cet arbre majestueux coulait la *Fontaine des Groseilliers* intarissable en toute saison et qui alimente encore les fontaines de Domremy.

A un kilomètre plus loin, dit M. l'abbé Bourgaut, on voit suinter, çà et là, sous des touffes d'herbes toujours vertes, les eaux de la *Fontaine de la Pucelle*... A la source des *Groseilliers* accourait une joyeuse jeunesse ardente à se divertir ; à la source de la Pucelle, se traînaient les malades en quête de leur guérison... « C'est à la source de la Pucelle et non des Groseilliers que Jeanne reçut des communications célestes, de Sainte-Marguerite et de Sainte-Catherine » (1).

(1) *Guide et souvenirs du pélerin à Domremy*, p. 70 et 73

La croyance était que le fameux hêtre avait jadis servi de rendez-vous à plusieurs fées, mais qu'elles n'y venaient plus depuis que, chaque année, la veille de l'Ascension, on donnait sous l'arbre, lecture de l'évangile de Saint-Jean.

En revanche, les jeunes filles de Domremy s'y rendaient souvent pour danser aux chansons. On dit aussi que les jeunes épousées y allaient le lendemain de leur mariage, accrocher à l'une des branches leur bouquet virginal, mais aucun des témoins entendus dans les enquêtes n'a fait allusion à cette prétendue coutume.

Jeanne, d'après un de ces derniers, « y alloit aussy aulcunes fois avec les aultres pucelles en temps d'été, mais y faisoit pou d'esbattement. »

Voici au surplus, la déclaration qu'elle fit elle-même dans son interrogatoire du 24 février 1430 :

« Non loin de Dompremy il y a un arbre qu'on appelle l'*Arbre des Dames,* d'autres l'appellent l'*Arbre des Fées;* auprès, il y a une fontaine où j'ai ouï dire que les gens malades de la fièvre viennent boire et chercher de l'eau pour se rétablir la santé.

« J'en ai vu moi-même venir aussi, mais je ne sais s'ils ont guéri.

« J'ai entendu dire que les malades, une fois relevés, vont à cet arbre se promener. C'est un bel arbre, un hêtre, d'où vient le *Beau may;* il appartient au Seigneur Pierre de Bourlemont, chevalier. J'allais quelquefois jouer avec les autres jeunes filles, y faire des guirlandes pour Notre-Dame de Dompremy...

Souvent j'ai entendu des anciens (ils ne sont pas de mon lignage) dire que les fées hantent cet arbre... J'ai aussi entendu dire à une de mes marraines nommée Jeanne, femme du maire Aubery de Dompremy, qu'elle y a vu des fées; est-ce vrai ou non, je ne sais... Quant à moi, je ne les y ai jamais vues que je sache... Si j'en ai vu ailleurs je ne le sais... J'ai vu des jeunes filles mettre des guirlandes aux branches de cet arbre, et moi-même j'y en ai mis quelquefois avec mes compagnes ; tantôt nous emportions ces guirlandes, tantôt nous les laissions... Depuis que j'ai su qu'il fallait que je vinsse en France, je me suis livrée à ces jeux et distractions le moins que j'ai pu... Depuis que j'ai l'âge de raison je ne me souviens pas y avoir été danser... J'ai pu y danser autrefois avec les autres enfants... J'y ai plus chanté que dansé... Il y a aussi un bois nommé le *Bois Chesnu* que l'on voit de la porte de mon père (1) ; il n'en est pas éloigné d'une demie-lieue. Je ne sais et n'ai jamais entendu dire que les fées y apparaissent ; mais mon frère m'a appris qu'on disait dans le pays : « Jeannette a pris son fait à l'Arbre des Fées. » Il n'en est rien et je lui ai dit le contraire. Quand je vins vers le Roi aucuns me demandaient si dans mon pays il n'y avait point un bois appelé le *Bois Chesnu* parce qu'il avait prophéties qui disaient que des environs de ce bois viendrait une pucelle qui ferait des merveilles... Je n'ai point ajouté foi à cela (2). »

Et le 1er mars suivant, lorsqu'on demandait à

(1) Jeanne d'Arc ne dit pas que ce bois ait appartenu à sa famille.

(2) *Procès de Jeanne d'Arc*, par J. Quicherat, t. Ier p. 67, et *Procès de condamnation de Jeanne d'Arc*, par J. Fabre, p. 73.

Jeanne si Sainte-Catherine et Sainte-Marguerite lui avaient parlé sous l'*Arbre des Fées* et à la *Fontaine*, elle répondait que pour l'arbre elle n'en savait rien ; que, quant à la *Fontaine*, elle les y avait entendues mais qu'elle ne savait plus ce qu'elles lui avaient dit.

Chaque année le jour de *Lœtare*, les réjouissances sous le grand hêtre prenaient des proportions beaucoup plus grandes. M. Siméon Luce résume ainsi les témoignages recueillis à cet égard :

« Les membres de la noble famille de Jean de Bourlemont, Seigneurs en partie de Domremy, de Greux, de Maxey et de Bourlemont, entretenaient avec leurs hommes de ces quatre villages des relations d'une familiarité toute patriarcale.

« Pierre de Bourlemont, fils de Jean, Seigneur de Domremy, pendant les premières années du xve siècle, avait conservé les mêmes habitudes familières, vraiment patriarcales. Tous les ans, le dimanche de *Lœtare* ou de la Mi-Carême appelé par les habitants du Bassigny *dimanche des Fontaines*, fête extrêmement populaire dans toutes les parties du Barrois, aussi bien dans la vallée de la Marne que dans celle de la Meuse, Beatrix femme de Pierre de Bourlemont, originaire du royaume de France, accompagnée parfois de son mari et de sa belle-mère Catherine de Bauffremont-Ruppes, allait sous un hêtre magnifique, dit l'*Arbre des Fées* ou des *Dames* non loin de la *source des Groseilliers*, faire des repas champêtres, des dînettes en plein air ; chacun apportait ses provisions, du vin et des petits pains, et les jeunes filles de la seigneurie mêlées aux demoiselles de la bonne Châtelaine, lui composaient une gracieuse escorte :

Au retour de la belle saison, Béatrix ne laissait échapper aucune occasion de renouveler ces parties de plaisir où la jeunesse des deux sexes prenait ses ébats, chantait, dansait, cueillait des fleurs et tressait des guirlandes que l'on suspendait ensuite aux rameaux touffus du hêtre hanté par les fées (1). »

Ainsi qu'on le verra plus loin une scène de ce genre est reproduite par l'un des tableaux placés dans l'église de Domremy.

C'est auprès du *Bois Chesnu* surtout, que Jeanne aimait conduire le troupeau de son père et qu'elle allait s'agenouiller devant une ancienne petite chapelle, sise au pied du coteau et surnommée l'*Ermitage Sainte-Marie*. De cet endroit, ainsi que l'a écrit d'une façon poétique, M. Huin, il y a une trentaine d'années, un tableau des plus vivants se déroule sous les yeux; devant soi, dans une vallée délicieuse, bordée de petites montagnes couronnées de forêts, la Meuse serpente au travers d'une prairie, où paissent de nombreux troupeaux, et roule doucement ses eaux vers le Nord; on voit la route charmante, ombragée de peupliers, qui conduit de Domremy à Neufchâteau; plus loin s'offrent à la vue, dabord le beau ruisseau du Vair, qui, à deux kilomètres plus bas, va grossir les eaux de la Meuse; puis la montagne de Julian (Julien l'Apostolat) qui rappelle de si lointains souvenirs et sur laquelle l'Empereur Romain avait établi un camp dont on a retrouvé les vestiges; plus haut, une petite éminence qui porte encore le nom de *Potence*. C'était là que jadis on exécutait les criminels.

(1) *Jeanne d'Arc à Domremy*, p. XXVII.

A côté de cette montagne, mais plus à droite, on aperçoit dans le lointain, le noir et antique clocher de Saint-Elophe, dont la forme est la même que celle du clocher de Domremy: C'est au bas de Saint-Elophe que Julien l'apostolat faisait sa résidence habituelle. Il avait un superbe palais dans sa ville de prédilection Solimariaca, qui n'est plus aujourd'hui qu'un charmant petit village, arrosé par le Vair, et appelé Soulosse.

Au dessus de la vallée de la Meuse, à droite, on découvre Neufchâteau; plus près, sur une montagne voisine du Bois Chenu, le château de Bourlemont qui compte plus de douze cents ans d'existence (1).

A gauche est Domremy avec son joli pont; Greux et la route du Petit-Burey; puis, à gauche, de l'autre côté de la Meuse, le village de Maxey, enfin de tous côtés, on ne voit que montagnes couronnées de bois, que côteaux chargés de vignes, une belle vallée peuplée de villages, ombragée par des arbres de toutes espèces, des champs couverts de riches moissons et, dans le lointain, les montagnes et les bois des trois départements voisins: la Haute-Marne, la Meurthe-et-Moselle, et la Meuse (2).

Ce fut dans la *Chapelle Sainte-Marie*, que Jeanne

(1) Le Château de Bourlemont appartient aujourd'hui à M. le Comte d'Alsace, Prince d'Hénin. La *Société Historique de Compiègne* a été admise à le visiter le 24 juillet 1885 et y a reçu le plus aimable accueil.

(2) *Hist. popul. de Jeanne d'Arc*, p. 136, et Notice sur l'*Ermitage de Sainte-Marie*, Neufchâteau, 1885, p. 1.
Voir aussi dans l'*Histoire de Jeanne-d'Arc* par M. Jollois (Pl. II), une intéressante vue de la Vallée de la Meuse prise du *Bois-Chenu*.

d'Arc eut aussi de pieuses inspirations, si l'on en croit Philippe de Bergame qui le raconte sur la foi d'un officier milanais, nommé Guillaume Guasco, alors au service de Charles VII :

« Dans le temps, dit-il, que cette fille faisait paître ses troupeaux, il lui arriva, pour se mettre à couvert de la pluie, de se retirer dans une petite chapelle abandonnée et de s'y endormir. Elle crut y avoir été favorisée d'un songe envoyé de Dieu...

« Elle se persuada que c'était un avertissement du ciel qui lui ordonnait de quitter la garde de ses brebis pour aller secourir le roi Charles... (1). »

Cette chapelle qui avait environ sept mètres de longueur sur quatre et demi de largeur, fut longtemps entretenue et réparée par la famille de Jeanne d'Arc. En 1549, Claude du Lys léguait dix livres pour *Notre-Dame de la Pucelle*, c'est ainsi qu'il la désignait.

Plus tard Étienne Hordal, grand doyen de la cathédrale de Toul et arrière petit neveu de Jeanne, y fai-

(1) *De claris mulieribus*, V. J. Quicherat. — *Procès de Jeanne d'Arc*, t. V, p. 521.

Quelques personnes mettent en doute ce récit et pensent que la *Chapelle Sainte-Marie* est bien postérieure à Jeanne d'Arc. Suivant elles, ce petit monument aurait été érigé en l'honneur de la Pucelle, sur l'emplacement de l'*Arbre des Fées* où elle allait si souvent s'agenouiller. Ce qui donnerait quelque raison d'être à cette version, c'est que dans ses interrogatoire Jeanne d'Arc qui s'est complu à parler tour à tour du fameux arbre, de la *Fontaine des Groseillers* et du *Bois Chesnu* n'a pas dit un seul mot de la chapelle en question. Peut être Guillaume Guasco confondait-il déjà, comme on là fait plus tard, cette prétendue chapelle avec celle de *Notre-Dame de Bermont* dont il sera parlé plus loin. D'un autre côté, si l'*Ermitage Sainte-Marie* avait existé, on ne se fut pas arrêté sous l'*Arbre des Fées* pour réciter l'évangile de Saint-Jean; la procession serait entrée dans la chapelle.

sait exécuter des travaux importants. Le fronton, où son nom est sculpté ainsi que la clé de voûte trouvés dans les fouilles en 1869 et qui ornent aujourd'hui la première pièce de la maison de Domremy, en sont la preuve ; mais elle fut entièrement détruite, comme je l'ai déjà dit, lors de l'invasion des Danois en Lorraine au XVIIe siècle : *Habent sua fata...* SACELLA !... Le fameux *Arbre des Fées* eut le même sort.

De l'humble édifice, il ne resta plus qu'un amas de décombres qui demeura longtemps en place et que les vignerons du pays baptisèrent du nom de *Pierrier de la Pucelle.*

Puis ces décombres finirent par disparaître. « Cependant en 1855, raconte M. Huin, un habitant de Domremy, dans ses fréquents voyages au *Pierrier de la Pucelle*, où il a conduit plus d'un visiteur, fut frappé des sites majestueux qui l'environnent. Ce lieu devint bientôt si cher à son cœur qu'il voulut s'assurer si, là, il ne restait rien qui pût lui rappeler plus particulièrement Jeanne d'Arc. Il n'eut pas de repos que des fouilles ne fussent commencées.

« Il prit avec lui des ouvriers du village, et tous travaillèrent avec ardeur. Au bout de trois jours, il fut grandement récompensé, car non seulement, il trouva les fondations de la Chapelle mais encore un mètre et demi de mur au-dessus de ses fondations. Opérant avec le plus grand soin, afin de ne détériorer les murs que le moins possible, il vit que le plafond de ces murs se composait de chaux presque pure assez bien conservée, mais qu'une pluie survenue peu de temps après, a dissoute.

« Le sol de la chapelle, composé de mortier de

sable que le temps a durci, n'a pas permis de retirer entières les quelques briques çà et là répandues sur le sol, où elles étaient fortement collées, avec on ne sait quelle espèce de ciment.

« Ces briques enlevées avec le plus grand soin, ont été déposées dans la maison de Jeanne d'Arc et l'on éprouve une sorte de bonheur à penser que Jeanne elle-même les a foulées aux pieds dans ses fréquentes visites à l'Ermitage.

« Des pierres de taille, d'une extrême blancheur ont été retirées des décombres, ainsi que quelques débris dont la forme a fait juger qu'ils provenaient de fenêtres terminées par des arcs ou ogives...

« En mémoire de l'*Arbre du Beau-Mai*, l'habitant de Domremy planta un hêtre sur les ruines *de l'Ermitage*, du côté de Bourlemont, et un chêne en l'honneur de Jeanne-d'Arc, du côté de Domremy (1). »

Il y quelques années, grâce à la généreuse initiative de Madame la Duchesse de Chevreuse et au concours d'âmes pieuses, on projeta de construire sur l'emplacement de l'ancienne Chapelle, et d'après les plans de M. Paul Sédille, architecte distingué de Paris, une véritable église de style roman, qui dominerait ainsi toute la vallée, et au devant de laquelle serait ménagé un autel permettant de célébrer la messe en plein air, certains jours de pèlerinage. Un groupe colossal dont l'exécution fut confiée à M. Allard, prendra place au-dessous de cet autel et représentera saint Michel, sous le vocable

(1) *Notice sur l'Ermitage de Sainte-Marie*, p. 10.

duquel doit être mis l'édifice, Sainte-Catherine et Sainte-Marguerite, dont *les voix* ont inspiré Jeanne d'Arc.

Les travaux furent commencés avec activité, mais plus tard ils se ralentirent et aujourd'hui ils semblent momentanément suspendus. Il faut espérer qu'ils reprendront bientôt et qu'ainsi se trouvera réalisé le vœu qu'exprimait avec tant de ferveur, il y a une dizaine années, M. l'abbé Bourgaut, Curé de Domremy, dont le zèle ne se ralentit jamais, quand il s'agit de glorifier la mémoire de celle qui a donné au modeste village des Vosges une célébrité que rien ne pourra plus jamais détruire.

CHAPELLE NOTRE-DAME-DE-BERMONT. — Ce n'est pas seulement l'*Ermitage de Sainte-Marie* qui était l'objet des fréquentes visites de Jeanne d'Arc. Tous les samedis elle allait encore, accompagnée de sa jeune sœur Catherine, faire ses prières dans la Chapelle de *Notre-Dame-de-Bermont* et y allumer un cierge devant la statue de la Vierge.

Cette chapelle, qui longtemps a été confondue à tort avec l'*Ermitage Sainte-Marie*, est située à environ trois ou quatre kilomètres de Domremy entre Greux et Goussaincourt, et dépend d'une propriété construite à 350 mètres, sur un petit plateau, dominant la vallée de la Meuse, et adossée à de superbes forêts communales.

Voici, d'après les notes que M. Louis Sainsère a bien voulu me communiquer, la description de cette chapelle :

Elle avait près de sept mètres du Levant au Couchant et six mètres du Midi au Nord. Les murs latéraux s'élevaient de quatre mètres et demi au-dessus des fondations. Une croisée très simple défendue par un barreau était pratiqué dans le mur au Midi. Au-dessous de cette croisée, un bassin avait été ménagé pour recevoir l'eau des burettes et des lavabots.

L'autel était placé contre le mur au Levant. Au Couchant un arc en ogive muni d'une grille en bois très massive, ayant une porte de chaque côté en dépendait l'entrée. Cette grille fut maladroitement enlevée il y a plus de soixante ans par le dernier gardien. Un Christ était placé au-dessus de l'ogive.

Deux marches conduisaient à l'autel qui était formé d'un bloc de pierre. Au Nord-Est de cete autel, existait une saillie destinée à recevoir la statue de Saint-Thiebault, statue qui a été enlevée de son piedestal, et brisée en plusieurs morceaux. Au Sud-Est, une autre saillie incrustée dans le mur, supportait la statue de Notre-Dame de Bermont.

Les murs démontraient que la chapelle avait été originairement voutée. Deux piliers adossés aux murs soutenaient cette voute; plus tard ces piliers servirent à asseoir deux statues, celle de Sainte-Anne au Midi et celle de Saint-Denis au Nord.

Une porte permettant de communiquer de la chapelle au cimetière. A côté de ce monument, se trouvaient le bâtiment de l'ancienne *léproserie* et de l'*Ermitage*.

Lors de l'écroulement de ce dernier qui était adossé à la nef, on trouva dans les décombres, au fond de la cave, une pièce d'argent très mince, du module d'une ancienne pièce de douze sols: C'était une monnaie frappée sous le règne de René duc de Lorraine et roi de Naples, dans l'événement eu lieu précisément à une époque contemporaine de celle où Jeanne d'Arc tombat aux mains des Anglais.

Un pouillé du diocèse de Toul, la désignait ainsi :

« La Chapelle de Bermont, territoire de Greux, qui était autrefois un hôpital de lépreux ; elle dépend de Gerbonval, hôpital uni à la maison de l'Oratoire de Nancy. La Chapelle est dédiée à Saint-Thiébault. »

En effet, la maison de *Bermont, Bellemont* ou *Beaumont* (1) dont la fondation remontait au XIIIe siècle, avait été créée par Pierre de Bourlemont, Seigneur de Domremy, au moment où la terrible maladie connue sous le nom de *Lèpre* faisait des ravages en France. A l'époque de Jeanne d'Arc, la léproserie était convertie en maison de refuge pour les voyageurs, puis elle devint un simple *Ermitage* dont la propriété passa dans les mains des Comtes de Salm. C'est dans ce paisible asile que mourut, le 3 juin 1583, un religieux dont la pierre tombale existe encore dans la Chapelle, et porte l'inscription suivante : « Cy gist honorable homme Denis Plantain jadis *Hermite de Céans* qui trespassa le IIIe jour de juin 1583. Priez Dieu pour luy. » En 1750 l'Ermitage était habité par le frère Nicolas qui eut pour successeur le frère Arnould.

C'est surtout en se rendant chez son oncle Durand Laxart, laboureur à Burey-le-Petit (aujourd'hui Burey-la-Côte, près Vaucouleurs), que la pauvre fille s'arrê-

(1) Cette dénomination lui venait de sa belle situation.

tait à *Notre-Dame-de-Bermont*. Elle entretenait cet oncle de ses projets, et finit par obtenir de lui qu'il allât intercéder en sa faveur auprès du Seigneur de Baudricourt. « Donnez-lui des claques et renvoyez-la chez son père, » lui répondit-il tout d'abord. « *Robertus pluries dixit testi quod daret ei alapas et reduceret eam ad domum sui patris.* »

Jeanne resta ainsi pendant huit jours (1) chez son oncle qui réussit plus tard à convaincre le capitaine de Vaucouleurs et à lui permettre de la présenter à Charles VII. Il est probable, d'ailleurs, qu'elle n'était pas inconnue du Sire de Baudricourt lui-même ; plusieurs fois Jean d'Arc, ainsi qu'on l'a déjà vu, avait été en rapport avec le capitaine et Jeanne, sa fille aînée l'avait probablement accompagné à Vaucouleurs et elle avait dû ainsi se familiariser à l'idée d'invoquer la protection d'un si haut personnage.

Au commencement du XVIIe siècle, François de Lorraine, comte de Vaudémont qui avait épousé Christine de Salm, héritière des comtes de même nom, fit don de l'Ermitage de Bermont aux Pères de l'Oratoire de Nancy, qui en demeurèrent ainsi propriétaires jusqu'en 1793.

A cette époque la pauvre Chapelle, qui seule avait survécu, avec le logement de l'ermite, à l'action du temps, eut le sort de tout ce qui avait un cachet religieux. Mise en vente comme bien national, achetée à vil prix par un habitant de Grand, nommé Thouvenin, elle fut bientôt recédée, ainsi que quatre hec-

(1) V. son interrogatoire du 22 février 1430.

tares de terre qui en faisaient partie, à plusieurs habitants de Goussaincourt.

Plus tard, restée indivise entre trente-deux propriétaires, elle devint l'objet de nombreux pèlerinages où l'on venait surtout invoquer la protection de saint Thiébaut dans les cas de sécheresse. Le dernier de ces pèlerinages eut lieu en 1878 sous la haute direction de Mgr l'Evêque de Saint-Dié.

Mais faute d'entretien, l'oratoire séculaire menaçait ruine et, comme la *Chapelle Sainte-Marie* il allait bientôt n'être plus qu'un amas de pierres, lorsqu'un homme aussi généreux de cœur que distingué d'esprit, M. Sainsère aîné, de Vaucouleurs, qui déjà, avait acquis les droits de la plupart des co-propriétaires indivis, se rendit adjudicataire du tout le 16 mars 1835 devant le tribunal civil de Neufchâteau où la licitation en était poursuivie. Une fois devenu, à sa grande satisfaction, libre de disposer comme bon lui semblerait, de ces vestiges d'un passé qui lui était cher, il n'eut plus qu'une pensée, ce fut de remettre en son état primitif le modeste édifice.

Il confia ce soin à M. Desaux, architecte de Neufchâteau, qui lui présenta peu de temps après, un devis en tête duquel on lit les lignes suivantes : « La restauration de cette chapelle est faite par M. Sainsère afin de perpétuer à jamais s'il est possible, la mémoire de Jeanne d'Arc qui, d'après l'histoire et toutes les traditions du pays, reçut dans cette chapelle l'heureuse inspiration de sauver son Roi et de soustraire sa patrie à la domination de la Grande Bretagne.

« L'état de vétusté de cette chapelle ne permet pas de conserver les murs de la nef ; comme ceux du chœur paraissent solides, ils seront maintenus jusqu'à ce qu'un examen sévère qui en sera fait, après l'enlèvement de la couverture, permette d'en apprécier la solidité.

« La reconstruction des murs sera faite sur les anciennes fondations en conservant les formes et les dimensions qui ont frappé les regards de Jeanne d'Arc et de ses contemporains. »

Moins de deux ans plus tard, l'ancien oratoire était à peu près entièrement restauré, et le 2 mars 1836, M. Alexandre de Haldat, alors Secrétaire de l'Académie de Nancy et l'un des derniers descendants de la famille de Jeanne d'Arc, écrivait à M. Sainsère aîné qui l'avait mis au courant de l'exécution des travaux : « Sans doute, il eût été plus heureux que, mieux conservé, ce monument eût exigé moins de reconstruction, mais, quoique vous ayiez été obligé de refaire une grande partie de la maçonnerie, le but principal, le but moral n'en sera pas moins atteint, car, il importe bien moins au public, aux cœurs généreux pour lesquels l'honneur national, l'honneur du pays est quelque chose, de savoir que l'édifice qu'il visitera est absolument tel qu'il était à l'époque des pèlerinages fréquents de l'illustre Jeanne, que de savoir que c'est bien dans ce lieu qu'elle se rendait et où elle exhalait ses vœux ardents pour la conservation du trône légitime et l'honneur du nom français, que l'édifice qu'il aura sous les yeux est rétabli sur les mêmes fondations, sur le même plan et avec les mêmes matériaux ; qu'il le représente enfin autant qu'il est possible. Vous avez atteint ce but honorable et on ne peut qu'applaudir à votre zèle patriotique. »

M. Sainsère avait cru devoir aussi informer la municipalité d'Orléans de cette restauration et l'honorable maire de la ville où le nom de Jeanne d'Arc est resté si justement vénéré, M. Heme, lui répondit le 15 mai 1837 : « Rien de ce qui touche à la mémoire de Jeanne d'Arc ne saurait nous être indifférent ; aussi ai-je lu avec le plus vif intérêt les détails que renferme la lettre que vous m'avez fait l'honneur de m'écrire le 28 du mois dernier. L'administration municipale a été heureuse de s'associer, en 1820, à l'inauguration du monument élevé à Domremy en l'honneur de cette héroïne ; elle s'empresse de payer aujourd'hui un juste hommage au respect religieux et au patriotisme qui vous ont porté à assurer la conservation de la chapelle où la libératrice de notre cité et de la France reçut ses premières inspirations. »

M. Sainsère avait retrouvé dans le plus pitoyable état les quatre statues qui décoraient la chapelle du temps de Jeanne d'Arc. Il les confia à M. Lepy, sculpteur habile de Nancy, qui en opéra une restauration des plus complètes et des mieux réussies. La plus précieuse de ces statues est celle de *Notre-Dame-de-Bermont* aux pieds de laquelle Jeanne a dû tant de fois se prosterner. Représentée, la tête ornée du diadème avec un long voile, la Vierge tient dans sa main droite un spectre et sur son bras gauche l'Enfant-Jésus. « Elle est enluminée et de facture qui ne manque pas de caractère ni de certain intérêt pour l'histoire de l'art » (1).

(1) Vallet de Viriville, *Echo du Monde Savant*, 15 décembre 1839. M. Wallon (*Jeanne d'Arc*, p. 41) a reproduit en gravure cette curieuse statue.

Tout en chêne très dur, elle est fort lourde quoique élevée tout au plus d'un mètre (1).

Parmi les autres statues figuraient celles de sainte Anne et de saint Thiébault; cette dernière tout en pierre.

L'autel qui, ainsi qu'on l'a vu plus haut, se composait d'un seul bloc de pierre, fut muni d'un revêtement en bois ; derrière lui la croisée plombée fut remplacée par des vitraux peints.

Dans le Cimetière, on trouva une grande quantité d'ossements qui provenaient certainement de l'ancienne léproserie.

Le pignon du devant de la Chapelle, est, comme autrefois, surmonté d'un campanile dans lequel se trouve une petite cloche qui, pendant la tourmente révolutionnaire, avait été transportée à Goussaincourt et fut plus tard rendue à sa destination première.

Cette cloche fait le désespoir des épigraphistes.

En effet, « vers l'extrémité supérieure, écrivait M. Vallet de Viriville (2), un cordon circulaire présente une légende fort singulière et qui, pour être conçue en caractères parfaitement distincts, n'en forme pas moins, ainsi qu'on va pouvoir en juger, un problème de paléographie des plus énigmatiques. Ces lettres paraissent, sans aucun doute, postérieures à la première moitié du xve siècle. Leur forme est simple, élégante et fait reconnaître chacune d'elles avec autant de facilité que s'il s'agissait des plus beaux alphabets gothiques, sortis de nos meilleures typographies

(1) La Vierge tient dans sa main droite un *sceptre* et non un *spectre*, ainsi qu'il a été imprimé par erreur à la page precédente.

(2) *Echo du Monde savant*, 15 Décembre 1839.

actuelles. Voici l'ordre dans lequel elles sont groupées :

† avempeiadeaapmangt (1)

« Cette curieuse inscription signalée par M. Sainsère a déjà exercé l'attention et la perspicacité d'un grand nombre de savants. Elle a été soumise notamment à la Société académique de Nancy. Cependant tous les efforts étaient restés inutiles lorsqu'un numismate distingué, M. Renault, notaire à Vaucouleurs, en a donné une interprétation des plus ingénieuses. »

M. Renault a divisé l'inscription en trois groupes dont chaque lettre doit être pointée. Le premier groupe, composé des lettres a.v.e.m.p.e.i.a. signifierait ainsi : « *Ad virginem ex manibus populi extrahentem imperium Anglicani :* »

Le second : d.e.a.a.p.m. : *dedicatum est apud agrum post mortem :*

Le troisième : a.n.g.t. : *ad nominis gloriam tintinnabulum.*

Traduction libre : « Cette petite cloche a été dédiée, dans ce lieu, après sa mort et pour la gloire de son nom, à la Vierge qui a arraché le royaume des mains du peuple anglais. »

Cette interprétation fut, dit-on, l'objet d'une com-

(1) Quelques personnes, notamment M. l'Abbé Bourgaut (*Guide et souvenirs du Pèlerin à Domremy*, p. 66) et M. Léon Germain (*Anciennes cloches romanes*, p. 10, Nancy, 1885), remplacent la lettre p (5e et 13e) par la lettre r.
Malheureusement, jusqu'ici, il n'a pas été fait d'estampage de cette inscription, ce qui aurait levé toute espèce de doute sur la nature, la place et la forme des caractères qui la composent.

munication par M. Mollevaut à l'*Académie des inscriptions et belles lettres* qui l'aurait approuvée (1).

Suivant M. Vallet de Viriville, au contraire, elle laisse beaucoup à désirer, car elle repose sur un principe purement arbitraire, M. Renault ayant pu à ces mots substituer toute autre phrase.

« Pour la solution définitive, ajoute l'éminent archéologue à qui l'époque de Charles VII était si familière, il y aurait à trouver : 1° Une rédaction plus correcte et, 2° il faudrait découvrir dans un autre ordre de documents écrits un témoignage quelconque qui coïncidât directement avec la version que l'on aurait admise et qui donnerait ainsi à une simple hypothèse préalable le caractère d'une irréfragable certitude (2).

M. Vallet de Viriville aurait pu ajouter que les expressions latines citées par M. Renaud ne devaient pas être usitées à cette époque, surtout en matière religieuse.

M. Renaut n'en a pas moins fait une œuvre d'imagination fort curieuse, quant au sens, et ce serait le cas de s'écrier avec le proverbe italien : « *si non è vero, è ben trovato !* »

M. l'abbé Bourgaut, curé de Domremy, placé mieux que personne pour voir de près la cloche, n'adopte pas non plus cette interprétation ; « ni abréviations, ni ponctuation, nul signe n'indique, écrit-il, le sens primitif de l'inscription. Ce qui n'a pas empêché certains savants de couper cette ligne épigraphique

(1) Il n'existe dans les comptes-rendus officiels de la savante Compagnie, aucune communication de ce genre.

(2) *Echo du Monde savant,* loc. cit.

par deux croix qui n'existent pas et de la ponctuer de dix-huit points dont il n'y a pas trace sur le bronze, ce qui fait de chacune des lettres autant d'initiales propres à exprimer les choses les plus contraires. Plus ingénieux, ou plus hardis encore dans l'interprétation que dans la lecture des caractères, ils en ont fait une louange en l'honneur de Jeanne d'Arc dont l'époque est postérieure de plus d'un siècle à l'âge de la cloche. Nous laissons donc aux savants de l'avenir le soin d'expliquer cette inscription, à ceux, disons-le, qui voudront bien l'examiner de leurs yeux, sans préoccupations étrangères, et surtout sans idées préconçues (1).

M. Léon Germain, qui s'est livré à de nombreues recherches sur les *anciennes cloches lorraines*, partage cette opinion :

« Vu ses caractères minuscules gothiques, dit-il, nous placerons vers le XVe siècle, bien que quelques-uns la jugent plus ancienne, la cloche de la Chapelle de Bermont, où aimait à prier Jeanne d'Arc...

« Comme l'épigraphie campanaire n'a guère employé la minuscule avant le XVe siècle, nous ne pensons pas que cette cloche soit antérieure à Jeanne d'Arc ; cependant il serait absurde de prendre chacune des lettres pour l'initiale d'un mot, et surtout d'y chercher l'éloge d'une héroïne, assurément sainte, mais qui n'a pas encore été proclamée telle par l'Eglise ; nos pieux ancêtres ne se seraient pas permis une inconvenance de ce genre. Les fondeurs de cloches n'avaient parfois qu'une très sommaire instruction littéraire ; soit par maladresse, soit par ignorance, il

(1) *Guide et souvenirs du Pèlerin à Domremy*, p. 66.

arrivait souvent qu'on disposait mal les moules des caractères de l'inscription ; il a dû en être ainsi pour la cloche de Bermont; le commencement ne laisse toutefois aucun doute: c'est par l'*Ave Maria* que débutait la légende (1). »

L'idée émise par M. Léon Germain à propos de l'époque où la cloche de Bermont aurait été fondue se trouve confirmée par le passage suivant de la *Notice sur les Cloches* par M. l'abbé Barraud :

« En considérant les inscriptions du XIIIe et du XIVe siècle, on est porté à croire qu'elles ont été appliquées à l'aide de moules faits exprès pour chaque cloche, mais il est incontestable qu'à partir du milieu du XVe siècle, on a généralement formé ces moules au moyen de lettres mobiles, en bois ou en métal, réunies de manière à composer des mots. » (2).

Et en note, le savant écrivain ajoute: « On ne se sera sans doute servi de lettres mobiles ou isolées pour les inscriptions des cloches qu'après l'invention de l'imprimerie ; on sait qu'on attribue généralement l'idée de faire des caractères mobiles en bois à Laurent Janszoon Coster d'Harlem vers l'an 1437. » (3).

(1) *Anciennes cloches lorraines.* Loc. cit.
V. aussi une brochure intéressante du même auteur, intitulée : *Notes sur l'Ave Maria en Lorraine.* Extrait de la Revue de l'Art chrétien, t. IV, 1re liv., 1886.
A raison des travaux archéologiques auxquels il se livre, M. Léon Germain a été proclamé Officier d'Académie par M. le Ministre de l'Instruction publique le 1er mai dernier, lors de la réunion des *Sociétés savantes* à la Sorbonne.

(2) *Bulletin monumental* 1844, t. 10, p. 118.

(3) Coster (Laurent), né à Harlem vers 1370 et mort vers 1440, serait, suivant les Hollandais, l'inventeur de l'imprimerie. M. Auguste Bernard, ancien imprimeur et archéologue distingué, a combattu cette assertion dans son ouvrage : *De l'origine et des débuts de l'imprimerie en Europe*, tout en reconnaissant que Coster s'est livré à des tentatives typographiques.

M. le docteur de Haldat, à qui M. Sainsère aîné avait écrit au sujet de la cloche de Bermont, lui répondait le 2 mars 1836 : « Nous avons essayé de déchiffrer l'inscription ; ce sont des lettres de forme du dernier gothique... Le premier assemblage de lettres est sans doute AVE MARIA, *Je vous salue, Marie*, estropié par un ouvrier qui ne savait pas lire et qui a mal placé ses caractères sur le noyau de la cloche. Quant au reste, cela n'a aucun sens dans aucune langue, l'ouvrier ignorant, comme cela était si commun alors, a-t-il placé au hasard les caractères qui lui restaient ? On ne sait que penser.

Un autre archéologue, à qui M. Sainsère s'était également adressé, M. Denis, de Commercy, lui écrivait : « Les caractères gothiques du XIVe et du XVe siècle qui ont servi à cette inscription sont difficiles à déchiffrer parce que la forme des lettres n'était pas bien déterminée alors ; il s'y trouve aussi beaucoup d'abréviations. Cette inscription de la cloche de Notre-Dame-de-Bermont est le commencement de l'AVE MARIA ou je me trompe fort. Lisez : Ave maria grâa pln dm^s^ t. ✝ :

Ave Maria gratia plena, dominus tecum. »

Cette légende se trouvait en effet, sur une foule de cloches à cette époque, mais faut-il la voir sur celle de Bermont, cela me paraît bien risqué.

Une troisième personne, consultée à son tour par M. Sainsère, proposa une solution qui ne le cède en rien comme ingéniosité, à celle de M. Renault.

Voici comment il l'a formulée :

« La cloche de Bermont n'indique aucun millésime qui puisse faire connaître l'époque à laquelle elle a été fondue, mais les caractères gothiques qui forment l'inscription font voir qu'elle appartient au XIVᵉ siècle.

« En effet dans ce temps on se servait de ces lettres gothiques dans l'écriture cursive et quelque temps après elles ont été adoptées dans l'impression ; elles l'ont été presque exclusivement vers l'an 1500 ; les premières impressions qui ont eu lieu en Lorraine ont été exécutées à Saint-Nicolas, près de Nancy ; il résulte de plusieurs titres que j'ai vus et notamment d'ordonnances des ducs de Lorraine sur le fait des monnaies datées de 1511 et imprimées au dit St-Nicolas que les lettres de ces titres ont une analogie complète avec celles de la cloche en question ; au surplus ce genre de lettres est encore usité aujourd'hui en Allemagne pour les *Capitales des mots.*

« Il faut d'abord remarquer que les lettres de cette cloche paraissent avoir été isolées et rapportées les unes auprès des autres pour composer l'inscription au moyen de leur application sur le moule.

« Ceci posé et en lisant l'inscription, on voit qu'elle est composée de mots latins ; seulement les dernières lettres qui formulaient les deux derniers mots à gauche de la Croix de Lorraine paraîtraient être françaises, car on semble y lire « de Bermont. » Mais pour cela il faudrait lire quelques lettres à rebours et supposer qu'elles ont été placées ainsi dans le moule, ce qui n'est même pas supposable.

« D'un autre côté, il est fort possible qu'en appliquant les lettres sur le moule, quelques-unes d'entre elles aient été interverties.

« Voici ce que l'inscription donne de plus plausible :

Aurem piam, Dea armonat.

« Dans le mot *aurem* l'inscription donne seulement *avem* parce que le mouleur a interverti la lettre *r* qu'il a placée après la lettre *m* au lieu de la mettre entre l'*u* et l'*e*.

Pia. La première lettre de ce mot est un *p* quoique ressemblant beaucoup à l'*e*.

Dea. — Point d'observation.

« Quant au mot *armonat* on remarque que le mouleur a lié les 3 lettres *arm* au mot DEA tandis qu'il devait les en séparer, et, au contraire, il a détaché *ONAT* des 3 lettres ARM, tandis qu'il aurait dû les rapprocher pour composer le seul mot *armonat*.

« Toutes ces fautes proviennent probablement du défaut de connaissance du fondeur qui n'aura pas compris la phrase latine et qui en aura appliqué les lettres au hasard comme on le voit encore quelquefois de nos jours de la part des ouvriers illettrés.

« En adoptant l'inscription rétablie d'après ce que je viens de dire elle donne :

Aurem pia Dea armonat.

Ce qui signifie : La divinité pieuse réjouit l'oreille.

« Le mot *Dea* signifie *déesse*, mais pour la distinguer de la divinité du payen, on a ajouté dans les siècles postérieurs l'épithète *pia* ce qui signifie maintenant *Vierge pieuse ou chaste*.

« D'un autre côté on dédiait les cloches à un Saint ou à la Vierge Marie, de sorte que *pia dea* est pris ici pour Sainte Vierge ou pour la patronne de Bermont qui parle comme cela est d'usage lorsqu'on personnifie les cloches :

« Quant au mot *armonat*, ce mot vient de la basse latinité *armonare*, harmonier, plaire, rendre des sons agréables, réjouir, etc., etc.

« Cependant quoique le mot *armonat* soit très pratique pour le temps où il a été employé, on pourrait encore former une autre conjecture c'est qu'au lieu de « *armonat* » le mouleur a pensé mettre « *admonet* » de *admonere* avertir. Dans cette hypothèse l'inscription serait :

Aurem piam Dea admonet.

C'est-à-dire : que la Vierge pieuse avertit l'oreille, ou autrement : que la cloche frappe l'oreille comme donnant le signal de la prière, etc., etc. De tout ce qui précède on pense que la cloche a été fondue de 1350 à 1400.

« SUITE DES OBSERVATIONS SUR L'INSCRIPTION CAMPANINE DE BERMONT.

« On a démontré que le mouleur avait interverti l'*r* dans *aurem* et que dans *admonet* il avait mis un *a* pour un *e*.

« D'après le sens que l'auteur de l'inscription a eu en vue, il parait évident qu'il a écrit : *aurem piam Dea admonet.*

« Et sur la cloche le mouleur a oublié de mettre un M après *pia*.

« De sorte que l'inscription est définitivement :

Aurem piam dea admonet.

« C'est-à-dire la divinité, la Ste-Patronne, la Sainte-Vierge avertit l'oreille pieuse ou religieuse — frappe son oreille — lui donne le signal de ses prières, etc.

« Et l'on remarque que cette inscription ainsi rétablie forme un vers composée de spondées et de dactyles, commme on peut le voir en le scandant. »

J'ai peine à admettre cette nouvelle interprétation, à cause surtout du mot *Dea*, d'essence tout à fait païenne, ainsi que le reconnait du reste l'auteur lui-même, essence que l'épithète *piam* ne saurait suffisamment corriger.

Enfin faut-il voir dans les dernières lettres de l'inscription les mots *de Bermont* et lire : « Ave Maria de Bermongt » en tenant compte de lettres omises ou mal placées ? Je ne puis l'admettre davantage.

Dans cette situation, j'ai fait moi-même appel aux lecteurs de l'*Intermédiaire des chercheurs et curieux*, et dans la livraison du 10 avril 1886, je leur ai soumis le texte de l'inscription et l'interprétation fournie par M. Renault, de Vaucouleurs, en sollicitant d'eux le véritable mot de l'énigme. Une seule réponse, signée Herbert Lescrivain, a été insérée dans la livraison du 10 mai. Elle est ainsi conçue : « Je crois qu'il ne faut pas chercher une légende aussi compliquée que celle que propose M. Renault pour la cloche de Bermont. On sait que les fondeurs étaient souvent fort illettrés et ne se gênaient pas pour déplacer ou supprimer des lettres. J'y verrais tout simplement une inscription pieuse commençant par *Ave Maria* et se terminant par deux autres mots formant un des qualificatifs ordinaires de la Vierge, *Regina Angelorum*, par exemple. »

Il est possible, en effet, que les trois dernières lettres puissent signifier *Angelorum*, en convertissant le t final en un l barré, ce qui donne angl, abréviation d'*Angelorum.*

C'est le sentiment de plusieurs archéologues que j'ai consultés à cet égard. Mais, quant à la teneur entière de l'inscription, *Adhuc sub judice lis est.* — Toutefois, s'il m'était permis de hasarder, à mon tour, une interprétation nouvelle, je serais disposé, tout en tenant compte de l'interversion et des erreurs de lettres, à proposer celle-ci : *Ave Maria, Dei alma genitrix,* interprétation qu'adopte également Mgr Lecot.

En attendant que la lumière se fasse sur ce point si nébuleux, revenons à la Chapelle de Bermont.

Une fois que sa réédification fut terminée, M. Sainsère aîné, à la mémoire duquel on ne saurait trop rendre hommage, vint occuper la paisible habitation qu'il s'était fait construire à côté du sanctuaire, pour lequel il avait une si touchante vénération. C'est là qu'il mourut en 1848, et selon ses dernières volontés, il fut enterré au chevet même de la Chapelle. Sur sa tombe on lit :

DOM
Ci-git Claude-Jean-Baptiste Sainsère
né à Vaucouleurs le 2 juillet 1771
décédé le 12 novembre 1848.
Il est le restaurateur de cette Chapelle
qui, suivant la tradition confirmée par
l'histoire, est bien véritablement celle
dans laquelle Jeanne d'Arc reçut les
inspirations qui la portèrent à se
dévouer au service de son pays.
Respectez cette Chapelle en mémoire
de l'héroïne qui arracha la France
des mains des Anglais et la cendre
que couvre cette tombe.

Fixé dans l'Ermitage où Jeanne m'appelle,
Si plein du souvenir d'un courage si beau,
J'entourai de respect sa modeste chapelle,
Passant, qui que tu sois, respecte mon tombeau.

C. L. MOLLEVAUT, *de l'Institut* (1).

Aujourd'hui, le domaine de *Notre-Dame de Bermont* appartient à M. Louis Sainsère qui conserve religieusement l'héritage de son oncle, et dont l'unique désir serait de voir cet asile converti soit en un lieu de retraite où quelques prêtres âgés vivraient paisiblement, soit en un orphelinat où des jeunes filles modestement élevées sous l'égide du grand nom de Jeanne d'Arc, apprendraient à vénérer mieux encore la mémoire de celle qui fut, pendant sa trop courte existence, un si beau modèle de patriotisme et de vertu.

Voilà ce qu'il m'a été donné de voir dans ce premier voyage à Domremy, et, pendant que je contemplais chacun de ces endroits, j'éprouvais le sentiment que M. Ch. Charton a si bien rendu quand il écrivait :

« La vue de cette maison rustique, rappelant des souvenirs si glorieux et si tristes à la fois, impressionne vivement l'âme et la livre à de douloureuses réflexions. Toute la vie de l'héroïne se reproduit à l'esprit. On la voit naître et grandir dans cette chambre obscure et noircie par le temps ; on la voit conduire son troupeau dans les champs de Domremy, se reposer sous l'*Arbre des Fées*, prier dans la *Chapelle Sainte-Marie* et y prêter l'oreille aux voix mystérieuses qui lui expliquent sa sainte et patriotique mission. On la voit

(1) M. Mollevaut (Charles-Louis), littérateur et poëte, né à Nancy en 1796, mort à Paris en 1844, était parent de M. Sainsère. L'ayant précédé de quatre années dans la tombe, il a du composer ces vers du vivant même de M. Sainsère.

pleine d'enthousiasme, d'espoir et de résolution partir avec le sire de Baudricourt pour rejoindre Charles VII, s'armer de l'épée de Fierbois, se saisir de sa bannière fleurdelysée, se mettre à la tête de l'armée française, battre les Anglais, délivrer Orléans et faire sacrer le roi dans la cathédrale de Reims. Puis on la voit malheureusement tomber au pouvoir de l'ennemi, comparaître devant le plus inique des tribunaux, accepter avec résignation la plus révoltante des sentences et monter sur le bûcher de Rouen pour être brûlée comme sorcière sans que son roi fasse le moindre effort pour la sauver » (1).

Ce sentiment s'est accentué plus vivement encore le jour ou je suis rentré dans la ville dont le sort était l'unique préoccupation de Jeanne d'Arc et pour laquelle, elle s'est si généreusement vouée à la mort (2);

(1) *Les Vosges*, Mirecourt 1884, p. 348.

(2) « En l'an MCCCCXXX, le XXIIIe jour du dit mois de may, raconte Perceval de Cagny, historien du XVe siècle, né en Beauvaisis, la Pucelle estant au dit lieu de Crespy, sceut que le duc de Bourgogne, et grand nombre de gens d'armes et autres, et le conte d'Arondel, estoit venu assegier la ditte ville de Compiengne. Environ mienuit, elle partit du dit lieu de Crespy, en sa compaignie de trois à quatre cens combatans. Et combien que ses gens lui deissent que elle avoit pou *(peu)* gens pour passer parmi l'ost *(l'armée)* des Bourgignons en Englois, elle dist : « Par mon martin (c'est ainsi qu'elle appelait son bâton), nous suymes assez ; je iray voir mes bons amys de Compiengne. » Elle arriva au dit lieu environ solail levant. »

Dans son premier interrogatoire secret du 10 mars 1434, Jeanne d'Arc dit qu'elle entra dans Compiègne à l'heure secrète du matin ; *venit de mane, hora secreta.* » On se rappelle aussi qu'au moment où Jeanne d'Arc fut enfermée au château de Beaurevoir, elle chercha à s'évader en sautant du haut d'une tour. Interrogée le 14 mars 1431, sur la cause qui l'avait déterminée, elle répondit : « J'avais ouï dire que ceux de Compiègne, tous jusqu'à l'âge de sept ans, devaient être mis à feu et à sang ; et moi, j'aimais mieux mourir que de vivre après une telle destruction de bonnes gens. » Et plus loin quand on lui demanda : « N'avez-vous pas dit à Sainte Catherine et à Sainte Marguerite des j'ai ressenti alors le désir de revoir une seconde fois ce pays si plein de touchants souvenirs.

L'occasion ne tarda pas à se présenter.

Ici je laisse la parole à M. le Comte de Marsy, Secrétaire de la Société historique de Compiègne qui a bien voulu en cette circonstance, comme en tant d'autres, mettre à mon profit sa vaste érudition en toutes choses, et surtout en archélogie (1).

Voici en quels termes, il a rendu compte de l'excursion faite par la *Société historique de Compiègne* à Domremy, du 23 au 27 juillet 1885, excursion à laquelle je me suis empressé de prendre part (2).

« L'an dernier, à la suite d'une courte visite à Domremy, notre confrère, M. le Président Sorel nous avait retracé avec l'érudition et le charme qui s'unissent dans ses travaux, les souvenirs qu'avait réveillés en lui une matinée passée dans le village où était

paroles de cette sorte : Dieu laissera-t-il mourir si mauvaisement ces bonnes gens de Compiègne ? » — Elle répliqua : « Je n'ai pas dit ces mots si *mauvaisement*. La vérité est que je parlais à mes saintes en cette manière : — Comment Dieu laissera-t-il mourir ces bonnes gens de Compiègne, qui ont été et sont si loyaux à leur seigneur. »

V. dans le *Blason de la Révolution* (Paris 1883, Lemerre), un intéressant article de M. Jules Troubat, bibliothécaire du Palais de Compiègne, sur le séjour de Jeanne d'Arc dans cette ville et sur la statue qui y a été érigée en son honneur, le 10 octobre 1880. — Indépendamment de cette statue, placée en face de l'Hôtel de Ville, il serait à désirer qu'un petit monument commémoratif fût élevé à l'endroit même où la Pucelle tomba aux mains de ses ennemis. On ne saurait trop perpétuer le souvenir de celle dont le nom seul doit entretenir dans les cœurs l'idée de dévouement à la patrie.

(1) M. le comte de Marsy est actuellement Directeur de la *Société française d'Archéologie*, fondée par M. de Caumont en 1832.

(2) V. l'*Echo de l'Oise* des 31 juillet et 14 août 1885, et le *Progrès de l'Oise* des 1er et 12 août de la même année.

née l'héroïne inspirée, qui devait accomplir devant Compiègne ses derniers exploits, et quitter nos remparts pour commencer ce long martyre dont le bûcher de Rouen devait être le terme.

« Formulée d'abord avec quelque réserve, l'idée d'une excursion de la Société historique de Compiègne ne tarda pas à être accueillie avec faveur, et, après un ajournement motivé par l'extension du programme, nous nous trouvions réunis à la gare du chemin de fer, à l'aube, le jeudi 23 juillet, pour exécuter notre voyage d'une durée de cinq jours et qui comprenait comme étapes : Châlons, Neufchâteau, Domremy, Chaumont, Langres, Troyes et Reims, localités où nous devions retrouver presque partout des souvenirs de Jeanne d'Arc. . . . . . .

« Après une courte station pour dîner à Pagny-sur-Meuse ou nous retrouvons, un de nos correspondants de Nancy, M. Léon Germain qui veut bien se joindre à nous, nous arrivons à Neufchâteau.

« L'Hôtel de la Providence à Neufchâteau va nous abriter pour deux nuits ; chacun s'installe et fait déjà des projets pour le lendemain, en voyant en face de nos fenêtres les deux véhicules qui doivent nous transporter.

« Avant sept heures, tout le monde est prêt, et nous suivons, dans la vallée de la Meuse, la route pittoresque qui nous conduit d'abord à Coussey, petit chef-lieu de canton, qui a tenu à témoigner lui aussi de son culte pour Jeanne d'Arc, en érigeant sur une de ses places une reproduction de la statue de la princesse Marie.

« L'église est un monument roman d'un assez grand intérêt, et dans lequel on remarque des matériaux d'époque plus ancienne. A l'intérieur, nous devons signaler un très curieux baptistère de style carlovingien, qui mériterait d'être débarrassé du badigeon qui le déshonore et d'être remis en place. M. le curé de Coussey, qui s'occupe avec soin et intelligence de réparer et d'assainir son église, nous promet de s'en occuper, et M. Germain prend l'engagement de réunir à notre intention quelques renseignements sur ce monument et sur le village de Coussey, autrefois érigé en commune, ainsi que nous le rappelle l'épitaphe en vers de Claude Petit-Jean dit Rigault, l'un de ses maieurs au commencçment du dix-septième siècle.

« En deux heures environ, nous franchissons les douze kilomètres qui séparent Neufchateau de Domremy et mettons pied à terre devant l'église qui s'élève à quelques mètres de l'habitation de la famille de Jeann ed'Arc.

« Avant de commencer notre visite, M. l'abbé Lecot veut bien célébrer la messe à l'intention de la protectrice de Compiègne et une foule nombreuse et recueillie d'habitants se presse sous les voûtes du modeste édifice dans lequel Jeanne venait prier (1).

« L'éloquent orateur, qui a prononcé le panégyrique de Jeanne d'Arc le jour de l'inauguration de sa statue à Compiègne, remercie en quelques paroles émues les pieux enfants de Domremy et de vieux chants patriotiques lorrains se font entendre à l'issue du saint sacrifice.

« L'église de Domremy, plusieurs fois remaniée, conserve encore quelques pierres tombales curieuses.

(1) Par décret du 2 mars 1886, M. l'abbé Lecot, curé de la paroisse de Saint-Antoine à Compiègne a été nommé Evêque de Dijon.

Autour du chœur et à la voûte sont de riches bannières et de nombreuses couronnes offertes par la piété d'un grand nombre de villes de France. Espérons qu'un jour viendra où l'aiguille des femmes de Compiègne y apportera aussi le témoignage de la reconnaissance de nos compatriotes.

« La maison de Jeanne d'Arc que nous visitons ensuite a été soigneusement décrite par de nombreux écrivains et M. Sorel lui a consacré quelques pages qui nous dispenseront d'insister sur les dispositions de cette modeste habitation. . . . . . .

« Avant de quitter la maison de la Pucelle, où les petites filles de l'école nous récitent avec beaucoup de justesse, quelques poésies en l'honneur de Jeanne d'Arc, nous y déposons une plaque de marbre blanc portant l'inscription suivante :

A

JEANNE D'ARC

LA

SOCIÉTÉ HISTORIQUE

DE

COMPIÈGNE

24 juillet 1885.

« En priant MM. l'abbé Bourgaut, curé de Domremy, de vouloir bien la faire placer sur une des parois de la pièce principale, dès que les formalités administratives auront été remplies.

« En même temps, l'un de nous écrit, sur le registre des visiteurs, le mémorial suivant, qui reçoit la signature de chacun des membres de notre pèlerinage:

« Les membres de la Société historique de Com-
« piègne, admirateurs émus de l'héroïne de Domremy,
« heureux de retrouver les moindres souvenirs qui se
« rattachent à la vaillante vierge, et profondément
« reconnaissants pour la population de Domremy qui
« s'est associée à eux dans un hommage commun au
« pied des autels (1). »

« Pendant ce temps, M. Auguste de Pommery, un picard devenu lorrain, mais qui conserve dans notre pays de nombreuses relations et de vieilles amitiés, est venu se joindre à nous, ainsi que M. l'abbé Pierrefite, membre de la Société d'émulation des Vosges et curé d'Ainvelle.

« Nous nous acheminons vers l'Hôtel de la Pucelle, après avoir examiné rapidement, ce qui suffit bien, le monument élevé le 10 septembre 1820, et qui se compose d'un édicule soutenu par quatre colonnes, au centre duquel se trouve un buste de Jeanne d'Arc, coiffée d'une toque et dans la toilette que portent les femmes de la Restauration.

« Au dessert, picards et lorrains choquent leurs verres en souvenir de l'héroïne de Domremy, dont le généreux dévouement lui faisait désirer, pendant sa captivité, *de venir revoir ses bons amys de Compiègne.* »

Aujourd'hui la modeste plaque commémorative portée par la *Société historique de Compiègne* à Domremy, est placée officiellement dans la chambre où est née Jeanne d'Arc ; elle témoigne ainsi des sentiments de cette Société pour la pauvre martyre du

(1) C'est Mgr Lecot qui a formulé ainsi la pensée qui nous animait tous.

patriotisme. C'est la première fois, depuis un demi-siècle, que pareille carte de visite est apposée.

Puisse cet exemple être suivi chaque année par d'autres Sociétés savantes !

Puissent également ces quelques pages inspirer à tous les cœurs français l'idée d'un semblable pèlerinage !

Et maintenant il me reste à adresser tous mes remercîments à M. Alexandre Duflot, Professeur de dessin et membre de la *Société historique de Compiègne*, qui a bien voulu, comme il me l'écrivait lui-même, « payer aussi son tribut à la grande lorraine, » et qui, par la finesse de son crayon, a su rendre plus saisissante encore, la description de ces glorieux vestiges que chacun, j'en suis convaincu, voudra visiter à son tour.

Compiègne. — Imprimerie Henry Lefebvre, rue Solferino, 31.

ACHEVÉ D'IMPRIMER

PAR

HENRY LEFEBVRE

Le 24 Mai 1886

JOUR ANNIVERSAIRE

DE

LA PRISE DE JEANNE D'ARC

A COMPIÈGNE

LA MAISON DE JEANNE D'ARC A DOMREMY

ERRATA

PAGES	LIGNES	AU LIEU DE	LIRE
10	4	simple manœuvre	*simple manouvrier*
13	7	vxj^e jour de mars	*vxj^e jour de mars*
16	12	la gerbe d'or	*la garde d'or.*
id.	16	la pointe en haut	*la pointe en bas*
id.	17	dont la fille Miole	*dont la fille Nicole*
19	6	la maison de 1426	*la maison de 1429.*
id.	12	suivi de son clergé	*suivi du clergé*
23	22	et A. Braux,	*et G. de Braux,*
25	18	MM. A. de Bouteiller	*MM. E. de Bouteiller*
32	5	le caractère de sa physionomie	*le caractère général de sa physionomie*
33	6	entre le vert et le bleu clair	*entre le vert et le brun clair*
34	10	ou par vingt aiguillettes	*par vingt aiguillettes*
id.	14	une haubert	*un haubert*
39	36	M. Riccé	*M. de Riccé*
41	20	pour la préserver	*pour le préserver*
42	6	où se trouve cette place	*où se trouve cette pièce*
id.	30	le Jeanne D'arc	*la Jeanne d'Arc*
45	11	avec son fils	*avec son fils Pierre*
id.	30	Thiesselé	*Thiesselin*
49	9	les eaux y rentrent	*les eaux y pénètrent*
53	5	sous au nom	*sous le nom*
id.	12	re rendre digne	*se rendre digne*
id.	13	de l'état de pauvreté	*et de l'état de pauvreté*
54	29	Il est par nous	*Il l'est par nous*
56	28	vota en 1817	*vota en 1819*
57	20	rose et blanc	*rose et bleue*
58	20	d'une architecture	*d'une architrave*
62	3	présidé par	*présidée par*
63	9	autour du piédestal	*autour du monument*
id.	22	il était même	*il était lui-même*
64	18	quant au transept	*quant aux transepts*
id.	27	entre l'emplacement	*outre l'emplacement*
65	17	mil ccc.	mil cccc.
66	21	Ad. Favre	*Ad. Fèvre*
71	7	le verra plus loin	*l'a vu plus haut*
id.	25	Julien l'Apostolat	*Julien l'Apostat*
72	5	Idem.	*Idem.*
75	13	par des arcs ou ogives	*par des arcs en ogives*
77	11	en dépendait l'entrée	*en défendait l'entrée*
id.	26	Une porte permettant	*Une porte permettait*
id.	28	le bâtiment	*les bâtiments*
78	4	dans l'événement	*dont l'avènement*
82	26	un spectre	*un sceptre*
91	10	Aurem piam Dea	*Aurem pia Dea*
95	30	du 10 mars 1434	*du 10 mars 1431*

www.ingramcontent.com/pod-product-compliance
Lightning Source LLC
LaVergne TN
LVHW020333230826
846091LV00003B/847

9782013498715